U0637919

制度、名物与史事沿革系列

状元史话

A Brief History of
"Zhuangyuan", the Number One Scholar of
Imperial Examination in China

宋元强 / 著

社会科学文献出版社
SOCIAL SCIENCES ACADEMIC PRESS (CHINA)

图书在版编目（CIP）数据

状元史话/宋元强著.—北京：社会科学文献出版
社，2011.7
（中国史话）
ISBN 978 - 7 - 5097 - 2209 - 1

Ⅰ.①状…　Ⅱ.①宋…　Ⅲ.①状元 - 史料 - 中国 - 古
代　Ⅳ.①D691.46

中国版本图书馆 CIP 数据核字（2011）第 111439 号

“十二五”国家重点出版规划项目

中国史话·制度、名物与史事沿革系列

状元史话

著　　者／宋元强

出 版 人／谢寿光
总 编 辑／邹东涛
出 版 者／社会科学文献出版社
地　　址／北京市西城区北三环中路甲 29 号院 3 号楼华龙大厦
邮政编码／100029

责任部门／人文科学图书事业部　（010）59367215
电子信箱／renwen@ ssap. cn
责任编辑／孙以年
责任校对／宋淑洁
责任印制／郭　妍　岳　阳
总 经 销／社会科学文献出版社发行部
　　　　　（010）59367081　59367089
读者服务／读者服务中心（010）59367028

印　　装／北京画中画印刷有限公司
开　　本／889mm×1194mm　1/32　印张／5.75
版　　次／2011 年 7 月第 1 版　　字数／107 千字
印　　次／2011 年 7 月第 1 次印刷
书　　号／ISBN 978 - 7 - 5097 - 2209 - 1
定　　价／15.00 元

总　序

　　中国是一个有着悠久文化历史的古老国度，从传说中的三皇五帝到中华人民共和国的建立，生活在这片土地上的人们从来都没有停止过探寻、创造的脚步。长沙马王堆出土的轻若烟雾、薄如蝉翼的素纱衣向世人昭示着古人在丝绸纺织、制作方面所达到的高度；敦煌莫高窟近五百个洞窟中的两千多尊彩塑雕像和大量的彩绘壁画又向世人显示了古人在雕塑和绘画方面所取得的成绩；还有青铜器、唐三彩、园林建筑、宫殿建筑，以及书法、诗歌、茶道、中医等物质与非物质文化遗产，它们无不向世人展示了中华五千年文化的灿烂与辉煌，展示了中国这一古老国度的魅力与绚烂。这是一份宝贵的遗产，值得我们每一位炎黄子孙珍视。

　　历史不会永远眷顾任何一个民族或一个国家，当世界进入近代之时，曾经一千多年雄踞世界发展高峰的古老中国，从巅峰跌落。1840 年鸦片战争的炮声打破了清帝国“天朝上国”的迷梦，从此中国沦为被列强宰割的羔羊。一个个不平等条约的签订，不仅使中国大量的白银外流，更使中国的领土一步步被列强侵占，国库亏空，民不聊生。东方古国曾经拥有的辉煌，也随着西方列强坚船利炮的轰击而烟消云散，中国一步步堕入了半殖民地的深渊。不甘屈服的中国人民也由此开始了救国救民、富国图强的抗争之路。从洋务运动到维新变法，从太平天国到辛亥革命，从五四运动到中国共产党领导的新民主主义革命，中国人民屡败屡战，终于认识到了"只有社会主义才能救中国，只有社会主义才能发展中国"这一道理。中国共产党领导中国人民推倒三座大山，建立了新中国，从此饱受屈辱与蹂躏的中国人民站起来了。古老的中国焕发出新的生机与活力，摆脱了任人宰割与欺侮的历史，屹立于世界民族之林。每一位中华儿女应当了解中华民族数千年的文明史，也应当牢记鸦片战争以来一百多年民族屈辱的历史。

当我们步入全球化大潮的 21 世纪，信息技术革命迅猛发展，地区之间的交流壁垒被互联网之类的新兴交流工具所打破，世界的多元性展示在世人面前。世界上任何一个区域都不可避免地存在着两种以上文化的交汇与碰撞，但不可否认的是，近些年来，随着市场经济的大潮，西方文化扑面而来，有些人唯西方为时尚，把民族的传统丢在一边。大批年轻人甚至比西方人还热衷于圣诞节、情人节与洋快餐，对我国各民族的重大节日以及中国历史的基本知识却茫然无知，这是中华民族实现复兴大业中的重大忧患。

中国之所以为中国，中华民族之所以历数千年而不分离，根基就在于五千年来一脉相传的中华文明。如果丢弃了千百年来一脉相承的文化，任凭外来文化随意浸染，很难设想13亿中国人到哪里去寻找民族向心力和凝聚力。在推进社会主义现代化、实现民族复兴的伟大事业中，大力弘扬优秀的中华民族文化和民族精神，弘扬中华文化的爱国主义传统和民族自尊意识，在建设中国特色社会主义的进程中，构建具有中国特色的文化价值体系，光大中华民族的优秀传统文化是一件任重而道远的事业。

当前，我国进入了经济体制深刻变革、社会结构深刻变动、利益格局深刻调整、思想观念深刻变化的新的历史时期。面对新的历史任务和来自各方的新挑战，全党和全国人民都需要学习和把握社会主义核心价值体系，进一步形成全社会共同的理想信念和道德规范，打牢全党全国各族人民团结奋斗的思想道德基础，形成全民族奋发向上的精神力量，这是我们建设社会主义和谐社会的思想保证。中国社会科学院作为国家社会科学研究的机构，有责任为此作出贡献。我们在编写出版《中华文明史话》与《百年中国史话》的基础上，组织院内外各研究领域的专家，融合近年来的最新研究，编辑出版大型历史知识系列丛书——《中国史话》，其目的就在于为广大人民群众尤其是青少年提供一套较为完整、准确地介绍中国历史和传统文化的普及类系列丛书，从而使生活在信息时代的人们尤其是青少年能够了解自己祖先的历史，在东西南北文化的交流中由知己到知彼，善于取人之长补己之短，在中国与世界各国愈来愈深的文化交融中，保持自己的本色与特色，将中华民族自强不息、厚德载物的精神永远发扬下去。

《中国史话》系列丛书首批计 200 种，每种 10 万字左右，主要从政治、经济、文化、军事、哲学、艺术、科技、饮食、服饰、交通、建筑等各个方面介绍了从古至今数千年来中华文明发展和变迁的历史。这些历史不仅展现了中华五千年文化的辉煌，展现了先民的智慧与创造精神，而且展现了中国人民的不屈与抗争精神。我们衷心地希望这套普及历史知识的丛书对广大人民群众进一步了解中华民族的优秀文化传统，增强民族自尊心和自豪感发挥应有的作用，鼓舞广大人民群众特别是新一代的劳动者和建设者在建设中国特色社会主义的道路上不断阔步前进，为我们祖国美好的未来贡献更大的力量。

陈奎元

2011 年 4 月

⊙宋元强

作者小传

　　宋元强，北京人，1937 年生，1965 年北京师范大学中国教育史研究生毕业，先在山西师范大学任教，1980 年调入中国社会科学院中国社会科学杂志社工作，任编辑、总编室主任、编审，1997 年退休。现任国家清史编纂委员会典志组专家。主要著作有《清朝的状元》、《中国资本主义萌芽》，发表有关明清史、科举史的论文二十余篇。

目 录

一　古代选士与状元称谓

 古代选士制度的演变

中国数千年的文明史，创造了多种选拔人才的制度。历代统治者都十分重视建立一套选士任官体制，以不断补充和调整自己的官僚队伍，保证政权的稳定和政策的推行。每种选士制度都适应了当时的经济基础，满足了当时的政治需要。大体上说，中国古代任用和选拔各级官吏的制度，经历过4种主要形式。

（1）夏商周时期的世卿世禄制。夏、商、周三朝是奴隶制社会，王位及贵族特权是世袭的。商王的子孙，除在朝廷任职者外，大都被封为诸侯，享有特权。贵族担任各种官职，固定在贵族内部世袭。到周代，周本身是一个国家，各个诸侯也是一个国家，中央与地方实行的是领主制的统治方式。天子与诸侯都有其直属的臣下，即卿、大夫、士。卿是最高级的执政官。周代的执政官有时由诸侯来担任，诸侯国的卿是出自最上位的大夫。卿、大夫有其领地，称为采邑，即拥有土地和人民。士仅有俸禄。自士以上是贵族，士之

1

下是庶民。在这种制度下，各个等级由上而下构成宝塔式的社会结构，而且是世袭的。官吏也是世袭的。这样的官吏任用方式，史家称为"世卿世禄制"。到了战国时期，这种制度随着奴隶制的消亡而逐渐崩溃。

（2）西汉时期的察举和征辟。察举又称荐举，是三公九卿、地方郡守等高级官员根据自己的考察，把那些品德高尚、才干出众的平民或下级官吏推荐给朝廷，授予他们官职或提高其官位。察举的名目很多，有贤良方正、贤良文学、孝悌力田、茂材异等、孝廉、直言极谏，等等。

察举可分为诏举与常举：诏举是皇帝下诏征取人才的办法。由于在诏令中对主司察举官员的资格、区别、科目、标准，以及被举人的人数或户口数比例，均由诏书加以规定，故称"诏举"。诏举是不定期的选举，所取人才有时破格擢用。常举是地方政府遴选人才向朝廷推荐的办法，起初也是由诏令规定，以后成为定期的选举。常举因为每岁根据一定的法令举行，故也称"岁举"。不论是诏举还是岁举，被举的人到朝廷以后都要进行复试。大体上，诏举者由天子亲自考试，谓之策试；对被试者而言，谓之对策。而岁举者是分别科目依照规定加以复试。

征辟，即征召与辟召，也是一种重要选官方式。征召是皇帝对某些有特殊才学之士的召聘，有时是派遣特使巡行天下加以采访，召到朝廷做官，对召聘来的人往往授予很高的官职。辟召是中央和地方的官员直接选聘自己的僚属到官属内任职的办法。不管是征召或辟召，被召聘者的才学声望在社会上都应有一定的影响，并且皇帝或大官已有所耳闻。

西汉政权建立以后，大规模的军事行动已结束，国家进入比较稳定的封建社会。地主阶级各方面的力量逐渐强大，地主阶级的知识分子要求有更多的机会进入各级政府，于是统治阶级便采取了察举、征辟等途径满足这一要求。新的选官制度对于改变奴隶制的世卿世禄制传统起了积极作用，有利于巩固和强化封建统治。但在这种制度下，实际权力主要在地方郡国，朝廷对所推举的人，一般都予以认可。这一点极有可能削弱中央集权制，特别是当皇帝懦弱无能的时候。如汉代原本规定，地方官上任须满一年才能行察举之事。但东汉顺帝即位后就取消了这一限制，这就为地方官吏滥行察举提供了便利。另外，郡国官吏在察举时，被荐举人要进行报答，常常使荐主和被荐举人之间形成特殊关系，甚至结党营私。东汉的世家豪门通过控制察举，使自己的势力不断得到扩张，大大妨害了君主专制统治，也不利于地主阶级的长远利益，所以到了魏晋时期，就逐渐被九品中正制所代替。

（3）魏晋南北朝时期的九品中正制。为了纠正滥行察举和防止在荐举中形成朋党，曹魏实行了"唯才是举"的方针和九品中正制。九品中正制亦称九品官人法，就是通过品评，将人分为上上、上中、上下、中上、中中、中下、下上、下中、下下九等，朝廷任命大中正官到各州主持品评，州下面的各郡也设有中正官主管品评。初期，中正官由朝廷任命，负责考察本辖区的士人，在品评人物时也还比较注意人才优劣和舆论的褒贬，使朝廷能够掌握较多的选官之权，所选之人也有利于政治的清明和稳定。到了曹魏后期，特别是西晋以后，九品中正制逐渐被势力雄厚的门阀世族所把持。在他们的控制下，九品中正的选官制度把家世出身作为品评的唯一标准，形成了"上品无寒门，下品无势族"的局面，九品中正制成了豪门世族手中的工具。在这种情况下，重家世而轻才德，阀阅膏粱子弟高居显位，他们品第虽高，人却不一定清廉正直，由他们担任中正官，常常徇私枉法，贪赃纳贿。他们品评不出治国良才，反而弄得吏治十分黑暗腐败，对国家的整个政治状况极其不利。到了隋唐时期，随着门阀世族的衰落，九品中正制的消亡自然就不可避免。

（4）隋唐宋元明清时期的科举制度。科举取士制度是指朝廷允许普通读书士子和官员自愿向官府报名，经过分科考试，根据成绩选取人才、分别任官的一种制度。自隋至清末的 1300 年间，科举制度一直被封建统治者采用，是读书人入仕的正途。状元，就是在这种制度下产生的。

科举取士与以往选官制度的最大区别在于，普通读书人可以自愿报名参加官府的考试，录取标准专凭试卷，专重资才，而不是由地方察举或靠门第高下。当然，政府也规定了一些读书士子的应试条件，如明清时规定：首先，要确保考生籍贯无误，不得冒籍；其次，家身必须清白，倡、优、隶、皂必待退役三世以后，其子弟方可应考；再次，守父母之丧者不得报

4

考，匿丧者一旦被发现，立即除名。除此之外，上自仕宦之家，下至寒微之士，均可应考，并没有其他门第出身限制，更不依家世状况决定优劣取舍。当然，读书求学需要一定的经济条件，许许多多劳动民众的子弟，就是由于家境贫寒而无力攻读应试。特别是科场擢第巍科者，尤其需要优裕的经济与深厚的文化作为保障。但是，这些并不是政府规定的报考条件。事实上，许多寒微之士就是凭借勤学苦读获得了功名。

 进士科与状元称谓

自隋至清，科举取士制度也有一个发展演变的过程。"状元"的称谓随之出现并逐步确定下来。

隋炀帝大业三年（607年）的诏令说："文武有职事者，五品以上，宜依令十科举人。"并明确提出了十科举人的科目是：孝悌有闻、德行敦厚、节义可称、操履清洁、强毅正直、执宪不挠、学业优敏、文才美秀、才堪将略、膂力骁壮。大业五年又将十科减为四科。分科考试选拔士人的意图越来越明显，其中仍有"文才秀美"科，即进士科。进士科以考试策问为主。一般把隋炀帝创设进士科作为科举考试制度正式产生的标志。不过，隋代的科举考试制度尚属开创阶段，还很不健全。当时，也没有出现状元的称谓。

唐代，参加科举考试的考生来源有二：一是"生徒"，即在中央官学与地方官学上学的在校生员，只要他们在学校内考试合格，便可以直接参加朝廷尚书省主持的考试，即"省试"。二是"乡贡"，即不在中央或地方官学读书的士子，欲参加科举考试的，可以向所在州、县官府报考。

国家一级的科举考试称省试，最初由尚书省吏部掌管。报考的办法是：每年仲冬（农历十一月），中央官学和州县官学把通过校内考试合格的"生徒"名单送报至尚书省。"乡贡"则由各人携带身份材料、履历证明向所在州、县报名。州、县逐级对他们进行考试，合格者由地方官长吏举行乡饮酒饯行，然后送至京城长安参加尚书省的省试。无论"生徒"或"乡贡"，送至尚书省报到后，均须填写履历及具保结（有担保人），由户部审查后，再送吏部。唐高祖武德年间，省试由吏部的考功司长官考功郎中具体主持，唐太宗时改由其副长官考功员外郎主持。唐玄宗开元二十四年（736年），李昂任考功员外郎主持省试，与举人（即考生）发生了冲突。这时皇帝认为，考功员外郎位秩较低，资望又轻，难以处置科举诸事，于是诏令改由礼部副长官即礼部侍郎主持科考。从此，"省试"亦称"礼部试"。我国古代由礼部选士，亦自此始。礼部命题考试的时间，大约是每年暮春（农历三月），所以当时有"槐花黄，举子忙"之谚。

唐代科举考试设科繁多，不同时期科目的设立也不尽相同，前后总计不下几十种。其中常行的科目有：秀才、进士、明经、明法、明字、明算、一史、三史、开元礼、童子、道举等。此外，还有制科和武举科等。进士科的考试最为严格，大约每百人只有一二人被录取，而明经科大约每十人就有一二人被录取。唐朝有重进士、轻明经的倾向，故有"三十老明经，五十少进士"的谚语。意思是说，30 岁的人考明经科，算是年纪老的了；50 岁的人考进士科，算是年纪轻的了。这也说明进士、明经两科的难易区别。唐代每次参加进士科考试的人，多则 2000 人，少则 1000 余人，考取的最多不过三四十人，少的时候仅录取几个人。因此，进士科出身的人特别受到尊重，以至有"缙绅虽位级人臣，不由进士者终不为美"的说法。

唐代，省试被录取者称"及第"，这只是有了出身，即具备了做官的资格，下一步还要参加吏部的关试，吏部发榜后，合格者才可授官。

唐高宗永徽四年（653 年）及调露元年（679 年），天子曾亲自策试举人。武则天天授元年（690 年），也曾策士于洛阳殿。有人误认为，这就是殿试。其实，这些只是皇帝亲自主持省试、礼部试而已，而且是偶一为之，并不是后来那种礼部试以后，再次举行的殿试。

自唐代起，科举考试科目虽多，却以进士科为重，因而也唯独进士第一方可称"状元"，其他科第一均无此名。

因为唐代进士科第一人已称"状元"，所以我们这本小书，便从唐代的状元说起。不过有两点值得注意：第一，当时士大夫及广大民众称进士科首选之人，有"榜元"、"榜首"、"状头"、"状元"等多种习惯性称呼，"状元"的称法，只是其中的一种，但使用较多的还是"状头"。因各地举子到长安赴试，先要向贡院呈缴填有三代、乡贯、年甲等内容的"家状"，同时国子监和州县官也要向尚书省投递"举状"，这两种状文是举子的重要证明，故进士第一人有"状头"之称。因为当时的进士科考试没有殿试，尚书省主持考试合格后，即列名放榜，夺魁者姓名居于前列，故又称"榜元"、"榜首"。从各种记载看，唐代"状头"之称十分流行，而"状元"之称，是在唐后期逐渐增多的。第二，唐代称状元者并不限于进士首选之人。如明人徐应秋编纂的《玉芝堂谈荟》卷二"历代状元"条下，共考出唐代状元 80 余名。其中代宗宝应二年（763 年）有洪源、萧遘，宣宗大中十二年（858 年）有李亿、刘蒙，昭宗乾宁三年（896 年）有崔谔、沈崧，每榜都有 2 名状元。由此可知，唐代状元非全指进士第一人。

宋代的科举制度基本上沿用唐制，但也有许多新的变化。

宋代的科举考试科目有进士科、九经科、五经科、开元礼科、三礼科、三史科、三传科、学究科、明经科、明法科，此外还有制科、童子科、武科等。与唐代相比，宋代科举扩大了取士的名额。唐代每年各科考试录取的人数不超过 50 人，经常才一二十人。宋代录取名额一般为二三百人，多时五六百人。如宋太宗端拱元年（988 年），礼部取进士 28 人、诸科 100 人，发榜后士子议论纷纷，太宗又对未录取人复试，再取700 余人。宋真宗咸平三年（1000 年）取进士 409 人、诸科 430 人，后又取"特奏名"900 余人，共 1800 余人。宋代还提高了及第者的地位和待遇。唐代科举及第后，只是得到了做官的资格，还要通过吏部考试之后，优秀者才能授官。宋代科举及第后，不经吏部考试即可授官，而且授官的级别也有所提高。确立殿试制度也是提高科举地位的重要措施。开宝六年（973年），宋太祖发觉翰林学士在录取进士时夹有私情，便采纳了徐士廉的建议，在讲武殿复试已中式及未中式的进士，得 127 人，赐登高第。这就正式开创了殿试（亦称廷试）取士的先河。同时增加了新的施恩笼络，如赐袍笏、赐宴、赐诗。以往试后由尚书省放榜的旧例，改为殿前唱名的新制度，因此，进士登第者直接成了"天子门生"。殿试之制并不是个简单的仪式，它既提高了科举的地位，也使天子直接掌握了遴拔士子的最高权力，在选人任官方面进一步强化了封建皇权。宋代的科举制度立法也较以前严密。唐代科举是一年举行一次。宋代科举最先也是一年举行一次。太平兴国三年（978 年）冬，各州考生都已集中于礼部，因为宋太宗要亲征北汉，第二年春天的省试只好停止。此后每隔一年或二年举行一次。宋英宗治平三年（1066 年）正式定为三年举行一次。宋代为了严格考试纪律，还实行了"糊名"与"誊录"制度。所谓"糊名"，是把考卷上的姓名、籍贯等密封起来，又称为"弥封"。但是"糊名"之后，考官还可识别考生的字迹。于是根据袁州人李夷宾的建议，由专人将考生的试卷另行誊录。考官在评阅试卷时，不仅不知道

9

考生的姓名，连考生的字迹也无从辨认了。"糊名"与"誊录"制度的建立，对于防止考官"徇情取舍"的确产生了一定的效力。

两宋时代，称进士第一人为状元的现象已经十分普遍。不过有两点情况需要说明：第一，宋代开始多称进士第一人为"榜首"，确定殿试制后才称"状元"，这里有一个变化的过程。元初马端临在《文献通考·选举考五》的《宋登科记总目》中，把开宝六年以前的省试第一人称为榜首，而此后的省试第一人改称为省元，将殿试第一人称为状元，就是这种变化的反映。第二，在宋代，对那些名列前茅的新科进士均称"状元"的遗风依然存在。

元朝忽必烈于 1260 年称帝后，一些汉族官员建议实行科举考试制度，但朝廷总是议而不决。直到元仁宗皇庆二年（1313 年），元朝才正式确定科举考试的制度。

元朝的科举考试，规定每三年举行一次，分为三级：一是乡试（行省考试），二是会试（礼部考试），三是御试（即殿试）。元朝把人分为四等：第一等是蒙古人，第二等是色目人（包括西夏、回回等西北地区的少数民族），第三等是汉人（包括契丹、女真及原来金朝统治下的汉人），第四等是南人（包括长江以南的汉人和西南地区的少数民族）。考试录取时，蒙古人、色目人作一榜，称为"右榜"；汉人、南人另作一榜，称为"左榜"。各等人的录取名额虽然一样，但如果蒙古人、色目人愿意参加汉人、南人的考试，录取后授予的官职可以比汉人、南人提高一等。这些规定体现了蒙古族统治者在科举考试制度上的民族歧视政策。

元朝继承南宋的习惯，亦称进士第一人为状元。但由于分左右榜，进士科有两个第一人，便产生了两名状元。

由唐至元，"状元"都是个俗称，主要在士大夫和民间使用和流传，一些学者的著述亦间或采用之，还不是朝廷正式使用的官方封号。像徐乃昌辑《宋元科举三录》一书，收录了《南宋绍兴十八年同年小录》、《南宋宝祐四年登科录》及《元统元年进士录》，都没有状元、榜眼、探花之称。"状元"的称谓由政府明文规定和使用，是明朝初年的事。

明清时期科举考试突出进士一科。考试大致分为4个步骤。

第一步称为"童试"，这是读书士子进身之始。由于应试者无论年龄大小皆称"童生"，所以叫做"童试"。童生报名后，要在本县、本府经过"县考"、"府考"及各省学政的"院考"。考试通过者，称"秀才"。自此可以进入县或府的儒学肄业，故也称为"生员"。严格地说，童试只是一种入学考试，表示了他已取得地方官学生员的资格，具备了参加以后科举考试的起码条件。真正意义上的科举取士，是从乡试考举人开始的。

第二步称为"乡试"，是省一级的考试。每三年举行一次，叫"大比"，一般在子、卯、午、酉年举行。因为考期定在农历八月，故又称"秋闱"。乡试通过者称为"举人"，第一名叫"解（音 jiè）元"。

第三步称为"会试"，是中央级的考试。在乡试后的第二年，即丑、辰、未、戌年，各地举人汇集京师参加会试。会试是集中会考的意思，因为是在农历二月举行，由礼部主持，故又称"春闱"或"礼闱"。中式者称为"贡士"，第一名曰"会元"。举子在取得贡士资格后，方可参加殿试。

第四步称为"殿试"或"廷试"。殿试是天子亲策于廷，一向被视为"抡才大典"、"策士钜典"。一般是在会试之后的四月举行。殿试只试策问一场，要求考生当天交卷，弥封后交读卷官审阅。殿试中式之榜，号曰"金榜"。殿试后举行传胪出榜大典，皇帝升太和殿，王公大臣、文武百官陪立如仪。应试者被正式赐出身曰"进士"。凡参加殿试的贡士，均可取中，不再淘汰，只是分为三甲。一甲有三名，赐"进士及第"。称一甲第一名为"状元"，授翰林院修撰；第二名为"榜眼"，第三名为"探花"，同授翰林院编修。二甲有若干名，赐"进士出身"。三甲有若干名，赐"同进士出身"。

明清时期，称一甲第一名进士为"状元"，已成官方定制。

我国的科举制度，历来重视文科。上面说的，主要是文科科举制度的演变和文科状元的称谓。此外，和文科并行的，还有武科举和武科状元。

 状元的影响

在我国古代的文集笔记、戏曲小说中，对"状元"

还经常使用一些别名和代称，如状头、状首、榜首、冠首、鼎元、殿撰、殿元、廷魁、射策第一、廷试第一、胪唱第一、巍科第一、廷试首冠、独占鳌头、大魁天下、殿试大魁，等等，显得丰富多彩。

"状元"作为一个令人艳羡的称谓，在科举时代的影响自然是很大的，曾在社会各阶层中广泛传播。戏曲小说、诗词歌赋中的状元人物与故事，比比皆是。即使在科举制度废除以后，许多典故名物早被人们遗忘了，唯独"状元"一词仍在群众中继续使用和传播，而且渗透到了各个行业领域，俗语有"三百六十行，行行出状元"之说。据笔者不完全统计，近年来见诸报端的，就有高考状元、书法状元、垦荒状元、种田状元、养猪状元、车工状元、瓦工状元、集资状元、换房状元、制鞋状元、女工状元、销售状元，等等。"状元"一词如此被人们喜闻乐道和广泛使用，不仅因为它带有吉祥、喜庆的含义，更主要的还体现着一种公平竞争的原则，体现着自强不息的毅力和勇于奋斗的精神。

"状元"一词还延伸到生活习俗、饮食起居等各领域中。如"状元筹"是一种消遣娱乐的骨牌；"状元吉寓"是各地应试者赴京赶考的旅寓之所；"状元饼"是为迎合举子追求功名心态而特制的一种圆形糕饼；福州报国寺内有荔枝树名为"状元红"，言其所产荔枝品味最佳；牡丹花中有"状元红"，重叶深红，天资富贵在众花之上，也有的说旧制进士第一人例赐茜袍，此花如其色，故名之；菊花也有"状元红"，叶狭细而花色深红，颇为难得；蜡烛中有一种绛蜡亦称"状元红"，专供喜庆筵宴之用；果酒中有"状元红"，色泽红亮，气味芳香，等等。这说明，"状元"已成了中华民族传统文化中一个吉祥的字眼儿，它象征着出类拔萃，象征着是同类事物中的佼佼者。

二 殿试情景与传胪大典

 **殿试**

　　自宋以后，进士科考试有了殿试。殿试期间，云集京师的各地举子，需要经过会试、殿试、传胪、赐宴、谢恩、谒孔、题名、朝考等一系列步骤，才算完成了科场中最高等次的竞奔。各朝殿试传胪的情景不尽相同，清代是中国科举考试制度集大成的时代，资料也最详备。这里以清代殿试为例，介绍这个过程中普遍为人感兴趣的一些问题。

　　"殿试"是天子亲策于廷，故又称"廷试"。

　　清初，会试定在二月，三月初发榜，四月初殿试。雍正五年（1727 年）、乾隆二年（1737 年）会试临时改在三月，则四月发榜，五月初殿试。雍正初年，还在十月举行过殿试。乾隆二十六年（1761 年）明确规定四月二十一日殿试，二十五日传胪，逐成定制。这个殿试及传胪日期，后来只在咸丰和同治朝偶尔有过更动。

　　殿试的地点，最初在天安门外，顺治十五年（1658 年）后改在太和殿前丹墀（台阶）上举行，是日如遇雨雪或大风，移试案于东西两庑。雍正元年，曾在太和殿内进行过殿试。后来或在丹墀，或在殿内，交替采用。乾隆五十四年始试于保和殿内，遂为成例。

殿试的内容，为时务策一道。时务策的策题，长达二三百乃至五六百字，一般垂问三四件国家大政，让应试者回答。殿试之日，皇帝要亲临试场，鸣鞭奏乐，仪式隆重。不过，嘉庆、道光以后，御殿之礼渐不举行。

殿试试卷有固定格式，一律当日交卷。因为是皇帝亲策，不任命阅卷大臣，只有读卷大臣十余人。读卷后，将前 10 本对策最佳者初步拟定名次之后进呈皇帝，最后要由皇帝钦定。10 名以外之卷，读卷官在内阁拆弥封，照阅卷时所定的名次填榜。殿试中式之榜，号曰"金榜"。

著名历史学家商衍鎏曾参加了清代最末一科殿试，而且中了探花。他有一段回忆，十分生动：

余于光绪三十年甲辰科应殿试，当日于卯初刻服常朝服入东华门至中左门，候点名领卷，送场者至此为止。殿廷所备试桌，式如炕几，高仅尺许，趺坐盘膝以事写作，试士素非所习。于是多自携考桌，其制用光面细布蒙薄板，以铁条为四柱，纳于板背，折叠成片，支起扣于套环之内，即为一桌，较内廷所备者稍高；以藤筐盛布箱，贮考具应用之物，其筐即为坐椅，领卷后背负以入；从前校尉代携之制，已成虚文。入殿随意择坐，但殿宇森严，先至者多据前排，后排阴黯不能辨字，后至者多迁于殿前廊下，然倘遇风雨，则飘洒堪虞。从前由礼部同銮仪卫督率校尉于前一日，在试桌上黏贴贡士名签，按签入座，此制不知何时停废。策题颁下约在辰刻，由礼部官散给每人一张，在中和殿阶下跪接。入保和殿就座策对，殿上均黄绒地衣，下衬以棕荐簟席，御座正中丹陛三层加以五彩蟠龙地衣，禁止吸烟。例赐官饼一包，即唐代红绫饼之意。殿前南院备有茶水，试士不禁出入，随时可向饮用，自备干粮以充饥。入试情形之可纪者，大略如此。

（《清代科举考试述录》）

不过，康熙年间殿试时，贡士们是在太和殿前露天对策，而且都是站立书写，笔迹更难见工，根本没有自备折叠桌及以藤筐为椅的条件。正如《陆清献陇其年谱》中所说："康熙九年三月朔殿试，至太和殿前行礼毕，殿上传策问下，皆跪受，起就位。单东双西，皆立书。"由此可见，清代的殿试，无论是考试场所还是书写条件，都有一种逐渐改善的趋势。

殿试试卷，用白宣纸裱糊而成。清初裱四层，乾、嘉以后增加到七层。每份试卷，可以分四个部分。第一部分是卷面，占一页，上面盖有满汉合璧的礼部官印，写应殿试举人之姓名。第二部分为履历，占两开，四页，实际上只用第一页，空三页，写本人年龄、籍贯、乡试中式及会试中式年份，开具三代姓名，注明已仕未仕。交卷后，弥封官要把这两部分对折成筒状，用纸钉固，以纸糊封，加盖"弥封官关防"之印，直至确定名次后才拆封，将姓名书于金榜。第三部分是试策正文，也是全卷的主体部分，清初为九开，嘉庆以后减为八开，两页为一开，每页六行。有红线直格，无横格。每行最多限写 24 个字，一般只写 22 个字，上面要留两个空格为抬头之用。第四部分是卷背，占一页，印有印卷官姓名。卷背的背面，印有读卷大臣的姓氏，每人读卷后要在本姓氏下画出标志，最后根据各官意见，确定该卷等次。

殿试卷的大小尺寸，据《清代科举考试述录》介绍，清初每页长一尺五寸三分、宽四寸三分强；乾隆四十八年改小为长一尺四寸、宽三寸七分弱。笔者实测了一份光绪年间的殿试卷：全卷长 248 厘米，每页宽 11.3 厘米、高 44 厘米。试策正文中，红格限定的每行宽 1.8 厘米、高 27 厘米（竖写）。殿试时，另外给草稿本一册，尺寸略小，纵行与正卷相同，但有横格，每行 24 字。有时，殿试策试题，便印于草本前面。

关于清代各科殿试试卷的保藏情况，一向为许多人所留意。傅增湘在《清代殿试考略》中便透露："旧制每科殿试，内阁填榜后，原卷即存内阁大库，严加扃镭（音 jiōngjué），然累年积搁，虫鼠损浥（音 yì），重以吏役盗窃，多已零落不完。宣统元年因库屋渗漏，发帑（音 tǎng）重修，库存档案书籍，点派侍读中书等千人，入库检理，移归学部，此试卷亦随以往。余戊午管部务时，查询旧存试卷。尚余白木大箱六、七，因以簿书之隙，发箧（音 qiè）躬自阅视，凡历科达人名士之卷咸已不存。盖移交时，早为识者取携以去矣。乃降而求康、雍世族，乾、嘉学人，及吾川先达故旧，尚得百十卷。其余数千卷仍捆载入箧，发交午门历史博物馆。"当年午门历史博物馆的殿试卷今已转藏于中国第一历史档案馆，该馆已对这批试卷进行了整理登录，供各界人士阅览。它无疑是一批很有价值的历史文物资料。

诚如傅增湘所说："历科达人名士之卷咸已不存。"目前我们再寻觅清代状元殿试策的原件，更非易事。不过，在《清代科举考试述录》中，保存了咸丰九年己未科的殿试策题以及状元孙家鼐的对策全文，并加了标点，实属可贵。尽管一般读者会感到费解，但由此可窥清代殿试对策之一斑，故改为横排，全文移录如下：

【咸丰九年己未科殿试策题】

奉

天承运，

　皇帝制曰：朕寅绍丕基，诞膺洪祚，荷上苍之申佑，承

列圣之诒谋，劼毖深宫，日慎一日，勉思传心典学之谟，课吏训诫之治，励品崇儒之要，诘戎讲武之经，冀与中外臣工，致上理于大同，登斯民于衽席。兹当临轩发策，博采周谘，尔多士其敬听之：圣学之原，在于存诚主敬，唐虞传心尚矣。所谓危微者何辨？精一者何解？执中者何在？禹

曰："安止几康。"汤曰："圣敬日跻。"而即继之曰："丕应徯志。"曰："式于九围"。能申明其义欤？文王克厥宅心，武王不泄不忘，其道本无异同。见诸诗书者孰切？成、康以后，历汉、唐、宋迄于元、明，英君谊辟，岂无一言一行与唐虞三代相符合者，能指其实欤？朱子谓格致诚正以至修齐治平，始终不外乎敬；中和位育极之圣神功化，枢纽不外乎诚。真德秀大学衍义，于诚意正心之要，立为二目；明邱濬复补以审几微一节。心法即治法之原也，昔圣微言，曩哲粹语，有可与经传相发明者，其绅绎而细陈之。唐虞官人，首言载采；成周分职，重戒惟勤；八法八成，六叙六计，载在周官。能晰言之欤？汉史言综核名实，吏称其职。然上求实效，而下务虚名；徒以拘守绳墨为慎，以奉行条律为勤；岂董正治官之本意欤？夫询在事，考在言，而克知三有宅，灼见三有俊，则皆课之于心意者，事与言固必矢以一诚，而后足称忠荩欤？汉扬雄著二十五官箴，马融著忠经，宋真德秀著政经，其言亦有可采者欤？朕权衡黜陟，一秉至公，上以诚待下，则下当以诚事上；内外大小臣工，岂徒以奉令承教，遂为无忝厥职欤？士也者民之坊也，董仲舒曰："正其谊不谋其利，明其道不计其功。"列士林者非以砥厉廉隅为本务乎？古者宾兴贤能，郑注谓兴贤若今举孝廉兴能功也。三代以后，兵民初分，汉置材官于郡国，而京师有南北军屯；唐初设府兵，

一变而为弋骑，再变而为方镇；宋兵有禁厢蕃乡
之目；元立五卫；明设京兵边兵；其制孰为尽善？
至于训练之法，汉有都肄，唐有讲武，宋有大阅。
明戚继光练兵纪实一书，为切于实用，所称一练
伍法，二练胆气，三练耳目，四练手足，五练营
阵，六练将者，能阐其义欤？夫一兵必期得一兵
之用，其何以选精锐，汰老弱，简器械，申纪律，
使三军之士，皆足以备干城之选，而迅奏肤功哉？
凡兹四事，迪德以端宸极，课绩以励官箴，植品
以正儒修，整师以肃戎政，经邦要道，莫切于斯。
尔多士拜献先资，毋泛毋隐，朕将亲览焉。

（以上策题，分崇学、课吏、正儒、治军四个
方面发问，令贡士作答，诚所谓"经邦要道，莫
切于斯"。原策问无标点，计有790余字。）

【孙家鼐殿试卷所书履历】

应

殿试举人臣孙家鼐年叁拾壹岁，安徽凤阳府寿州

　人，由拔贡生应咸丰元年顺天乡试中式，由

　举人应咸丰九年会试中式，恭应

殿试，谨将三代脚色开具于后：

	不仕	不仕	仕
曾祖士谦	祖克伟	父崇祖	
故	故	故	

（以上履历，占一页，交卷后，要与卷面一并
弥封。）

【孙家鼐殿试对策全文】

臣对。臣闻：建极者敛福之原，知人者安民之

本，学古者入官之要，整军者制胜之资。载稽往籍，易占进德，书纪奋庸，礼重上贤，诗歌整旅。古帝王握镜临宸，执枢斡化，以勤念典，则逊敏昭也；在励赞襄，则明良会也；以宏乐育，则陶淑周也；以诘戎兵，则承平奏也。莫不本宵旰勤劳之实，以握天人交应之符。用是无怠无荒，圣功裕焉；若时若采，庶绩熙焉；真知灼见，英才奋焉；有严有翼，军政修焉。渊乎铄哉！所由萝图集瑞，松栋延祺，颂咸登而跻仁寿者此也。钦惟

皇帝陛下，道昭圜矩，治肃堂廉；隆雅化以作新，播威声于挞伐；固已三无敬奉，而一德交孚；八恺偕升，而六师允饬矣。迪圣怀瘝抱，葑菲无遗，深惟久治之规，弥切迩言之察，进臣
　等于

廷而策以修己、用人、举贤、肄武诸大端。臣之愚昧，何足以赞高深。顾念泰山峻极，不辞土壤之微；沧海渊深，尚纳涓流之细；敢不勉就平日所诵习者，以效先资之拜献乎。伏读

制策有曰："圣学之原，在于存诚主敬。"因备及夫唐虞三代心法之传，此诚继天立极之隆轨也。臣案尧舜传心，皆言允执，而危微精一，

命禹加详；盖以人心生于形气之私，危殆而不安；道心原于性命之正，微妙而难见；必察之以精，守之以一，而后执中之治以成。然精一之功，统于诚敬，尧之文思安安，而冠以钦明，钦即敬也。舜之濬哲文明，而归于允塞，塞即诚也。文命敷四海，而祗承于帝，早括禹谟；帝命式九围，而圣敬日跻，足赅汤颂。四诗首及文王，实贯以缉熙敬止；九畴访于武王，莫要于皇极居中；以至诚曰敬之，康曰敬忌；虽安勉不同，考之诗书，若合符节。三代而下，若汉光武之通尚书，唐太宗之撰帝癏，宋理宗之制道统赞，元仁宗、明孝宗之留心大学衍义，尤为好古。朱子以大学始终不外乎敬，中庸枢纽不外乎诚，真德秀大学衍义以诚正为二目，明邱濬复补以审几微一节。存养之功，完天理之本体；省察之力，遏人欲于将萌，所以发明圣学者至矣。

皇上宥密殚心，时几敕命，所以醇洪畅之德，而丰茂世之规也。

制策又以权衡黜陟一秉至公，因详求夫询事考言之法，此诚董正治官之至意也。臣案唐虞官人，成周分职，其世虽异，其道则同。八法治官府，即虞书之六府允治也；八成经邦治，即虞书之百工允妖也；六叙正群吏，六计弊群吏，即虞书之百揆时叙三德日宣也。古来圣主贤臣，千载一遇，朝廷正而百官正，岂以苛察为明哉，亦相待以诚而已。自后世务为文法，以拘守绳墨为慎，以奉行条律为勤，若汉宣帝好尚刑名，综核名实，虽一时吏治之盛，如黄霸治颍川，龚遂治渤海，赵广汉治京兆，尹翁归治扶风，皆能各称其职；然而群邪未去，卒至诛戮韩、杨、赵、盖诸贤，择术不审，功过相半，吕祖谦论之详矣。汉扬雄二十五官箴，偕法言并著；马融十八章忠经，仿孝经而成；宋真德秀采辑经史为政经一卷，与心经表里；以雄之仕新莽，融之诬李固，视德秀人品悬殊，然其言皆有可采。要之元首股肱，联为一体，上以诚待下，下当以诚事上，非可徒求之奉令承教间也。

皇上恭已垂裳，抚辰凝绩，大小臣工，孰不谨官常以襄郅治哉。

制策又以士者民之坊，当以砥厉廉隅为本务，而因总论夫取士之法，以期拔擢真才。臣案周礼大司徒，以三物教民而宾兴之，乡大夫考其德行道艺，而献贤能之书，由是论定后官，俊瘝升焉；盖教之于未用之先，始用之于既教之后，是以人才盛而吏治隆也。至汉文帝始举孝廉，武帝始举茂才，其后又定辟召之法，与科举并行，犹有乡举里选遗意。唐之

取士，其科有六，惟明经进士二科独盛；利
禄之途既开，徼幸之心斯起，不逮两汉远甚。
宋初设制举科，真宗增为六科，仁宗增为十
科，后司马光请立十科，朱子请立七科，皆
建议未行。宋之得人以进士为最，其由策论
诗赋登第为名臣者不可胜数。善夫宋太宗之
言曰：科举所以待士，非可容走吏冒进，窃取
功名也。夫儒行有亏，未有能官箴恪守者。自
选举变而为辟召，辟召变而为诗赋，别居之
谣，虚车之诮，积习相沿，议者逐欲复成周之
法。不知得人之道，在于知人；知人之道，在
于责实。诚使道德一而学校修，黜陟明而官方
叙，即谓科举之法与成周比隆可也。

圣世璚门吁俊，稽古右文，运大钧而开元模，固
已教思广被矣。

制策又以兵所以威天下，实所以安天下，而因论
夫整军经武保大定功之制。臣案古者寓兵于
农，三代以后，兵民初分，汉置材官于郡国，
而京师有南北军之屯，犹有井田遗意。唐分
天下为十道，始置府兵，无事则督以力耕，
不烦召募，与汉制同，最为近古。其后改为
召募，名曰彍骑，而府兵之法坏。其后京师
徒有虚额，强兵悍将，分布天下，而方镇之
势成。宋惩藩镇之失，制兵之目有四：宿卫
曰禁兵，州镇曰厢兵，内属部落曰蕃兵，士

民应募曰乡兵。无事而食，其费甚钜。元立五卫以总宿卫，明立京兵以卫京城，边兵以卫各边。其后军政不修，兵皆不振。此历代兵制所以不及两汉也。然兵制盛衰，视乎训练之勤惰，若汉之都肄，唐之讲武，宋之近郊大阅，立法之密同，玩法之弊亦同。惟戚继光练兵纪实一书，练伍、练胆、练耳目、练乎足、练营阵、练将诸法，行之无弊。诚使命将得人，精锐选而老弱汰，器械简而纪律申，有使臂使指之形，有同泽同袍之志。师中协吉，元老壮猷，于以展鹰扬之才，奋虎贲之勇，何难迅奏肤公哉。

圣朝文德诞敷，武功震叠，天威雷奋，露布风驰，洵绥怀盛绩也。若此者，本身以作其则，考绩以亮其功，劝学以储其才，教战以娴其律，仁圣之事既赅，而帝王之道备矣。臣尤伏愿皇上天行不息，日进无疆，本励精图治之诚，臻锡美延洪之庆。性量已纯，而更深就业；官常已懋，而更示激扬；胶庠已盛，而更树风声；韬略已颁，而更精简阅。于以迓鸿庥，扬骏烈，星辉云烂，赓复旦之光华；镜清砥平，巩无疆之宝祚，则我国家亿万年有道之长基此矣。臣末学新进，罔识忌讳，干冒辰严，不胜战栗陨越之至。臣谨对。

（以上对策，分崇学、课吏、正儒、治军几

个方面作答，原文皆为繁体字，无标点，共 1970 余字。）

清制，殿试对策一般不限字数，但最少要 1000 字，否则以不入式论。凡欲获高第者，策文篇幅必须充实，要基本把试卷写满。像嘉庆以后的 8 开试卷，需写到 7 开零 4 行，只能留下 8 行空余。这样，优等策文要写到 2000 字左右，上面孙家鼐的试卷，就合乎这种要求。至于内容与书法的关系，康、乾以前，比较强调凭文论定优劣，要求敷陈切当。不过，清代有偏重书法的积习，特别到后来，发展到字要写得光大圆润，有点画小疵便遭苛求。这种风气的盛行，可以说开始于道光年间，同治、光绪时愈演愈烈。这里还有段故事：道光皇帝初登基时，每日要披览大量中外奏折，蝇头细书，高可数尺，虽穷日夜的精力，也不能遍阅。倘如不过目，又恐开欺蒙君上的弊端。为难之际，就以此事垂询武英殿大学士、上书房总师傅曹振镛。曹振镛奏道："皇上每天能有多少时间呢，但请从众多的奏章中抽阅数本，见其中有点画谬误者，用朱笔抹出。然后发下去，令臣下传阅，知已览及，而且细微不遗，群臣自然就不敢怠忽从事了！"此计一上，道光皇帝予以采纳。于是，廷臣望风承旨，以为奏折尚且如此，何况士子的试卷呢！自然更是变本加厉，以至于一画之短长，一点之肥瘦，无不寻瑕索垢，严加挑剔。这就使得士子举笔偶差，便关系到毕生荣辱。道光以后，严于疵累忌讳的风气实开于此。据说，

曹振镛晚年颇为自己奏请道光皇帝苛求点画之疵一事
为悔。

传胪

传胪是殿试之后宣旨唱名和出榜的盛大仪式。皇
帝在殿试后亲自召见新科进士,依次唱名传呼,叫
"传胪",也称"胪传"、"胪唱"。清人缪彤在《胪传
纪事》中,描述了他本人参加康熙六年三月二十日传
胪盛典的心境与见闻:

> 五鼓入庙,至午门候传胪。是日微雨,皇上
> 升殿时雨稍甚。先一日传,某人状元,某人榜眼,
> 某人探花。彤已无望,不过随班行礼而已。及至
> 太和殿前,与诸进士跪丹墀下听三唱,第一甲第
> 一名系彤名,每一唱已,必鼓乐良久。彤心中犹
> 疑非是,不敢出班。礼部官披之前,然后出班跪。
> 跪稍迟,传制官已唱第二名……是日唱名毕,行
> 三跪九叩头礼。彤随礼部堂上官捧黄榜从御道出,
> 跪至龙亭内,鼓乐迎至东长安门张挂。顺天府府
> 尹天裕、府丞高尔位迎彤与张玉裁、董讷第三人
> 至厂内,簪花酌酒,用仪从迎至顺天府赴宴。先
> 望阙叩头,府尹府丞率僚属对行四拜礼,然后就
> 席。彤坐正席,榜眼、探花左右坐,俱南向用教
> 坊乐。瘝席,望阙谢恩,府尹府丞亲送至寓,寓
> 中设席寓之。

缪彤所说的，还只是些个人的经历。当时，清政府郑重地颁有《状元传胪出榜仪注》，对当时的传胪仪式有十分详细的规定。

在传胪大典中，最为荣耀的当然是新科状元了。当听到传制官传唱自己名字后，立刻向前站到太和殿丹陛下中间处。中间巨石，雕镌有飞龙，是御驾所经之处。在唐宋时，皇帝殿前陛阶上所镌者是巨鳌，由此，状元及第也称"独占鳌头"。新科状元还要用两条红绸披于身上，左右交叉成一个十字，帽上插两支金花，用极薄铜叶制成，相当精巧雅致，美称曰"十字披红双插花"。因为状元及第有此等殊荣，士子果中大魁后，其得意心境往往难以名状。这里我们举个叔侄二人中状元的故事：康熙九年庚戌科状元蔡启僔，浙江德清人。当他还是举人时，公车赴京会试，路过山阳县境。这时有同乡人邵某，恰为山阳县令，蔡便投名刺（即今之名片）往谒之。知县高傲不理，竟在其名刺后批示，令手下下人"查明回报"。蔡受此辱，一怒而去。到京后，竟抢大魁。邵县令闻讯后，后悔不迭，欲赠厚币谢过。蔡启僔题一绝句于扇，寄邵云："去冬风雪上长安，举世谁怜范叔寒。寄语山阳贤令尹，查名须向榜头看。"12年以后，启僔侄蔡升元又中康熙二十一年壬戌科状元，升元作《传胪日记恩诗》云："入对彤廷策万言，句胪高唱帝临轩。君恩独被臣家渥，十二年间两状元。"得意的心情，历历可见。

胪传出榜之后，皇帝立降谕旨，授一甲一名进士

"翰林院修撰"之职。这个官职，可以说是专门授给状元的，为大魁天下者所独享。因此，人们又称状元为"殿撰"。一甲的第二、第三名，授"翰林院编修"。对三鼎甲都是直接授职，待遇最为优渥。而二、三甲的新科进士还要在保和殿再参加一次重要的考试——朝考。朝考成绩前列者，用为翰林院庶吉士；等次者，用为各部主事、内阁中书和即用知县。这可以说是对二、三甲进士的授职考试。入翰林院的庶吉士，亦曰"馆选"。政府派大小教习教导之，仍是学习深造的性质。三年后肄业期满，举行"散馆"之试，按成绩等次，或留馆，或授翰林院编修、检讨，或改用部属及知县等。学业荒怠的庶吉士，有再教习三年者，有归班选用者，有革职者。散馆之试，十分重要，有时修撰、编修也要参加。如乾隆十年乙丑科状元钱维城，入翰林院后习清书（即满文）。其性聪敏，以为清书易学，遂不用心，至散馆日，竟交白卷。乾隆皇帝大怒曰："钱维城以国语为不足学耶，乃敢抗违定制若此。"将置于法。大学士傅恒代求情曰："钱某汉文优长，尚可宽贷。"上召其至阶下，立命题考之。维城身倚础石挥毫，未逾刻而就。帝异其才，命南书房供奉，后遂荐升至户部侍郎，十分宠信。

乾隆时起实行"引见"之制。缪彤在《胪传纪事》中说，他于康熙六年参加传胪大典时，事先并不知状元属何人，以为自己抢大魁已"无望"，不过"随班行礼而已"，及至传制官三唱自己姓名时，"心中犹疑非是，不敢出班"，最后还是礼部官把他"掖之前"，才出班跪谢的。这种情况，到乾隆年间有些改变。前面已引过的乾隆二十五年上谕云，衡文（即评定试卷）不可偏重书法，"现在定例拟选十卷进呈，须俟引见始定名次，衡文尚待观人"。由是，读卷大臣拟定前列十卷进呈后，吏部、礼部司官还要预传前十卷贡士，由阅卷大臣带领引见，然后皇帝才钦定甲第名次。乾隆二十八年又谕："嗣后进呈殿试十卷，不必豫拆弥封，候朕阅定后，再行按名传齐，带领引见。"这就更得以保证，既能客观衡文，又能及时观人，庶无差误。这种办法，俗称"小传胪"。直至咸丰、同治年间，此制犹沿用不衰。

经过会试、殿试及传胪，新科进士从全国万千举人中选拔而出。朝廷要再举行几项重要礼仪活动，以示优渥学子、嘉惠士林。

恩荣宴

传胪大典后数日，礼部要为新科进士举办一次盛宴，称"恩荣宴"，亦称"部宴"。此宴来源久远，相传唐代有曲江会，宴饮新科进士；宋代有琼林宴，因汴京有琼林苑，皇帝常宴新进士于此，故名。宋徽宗政和二年（1112年），改琼林宴为"闻喜宴"。是年，闻喜宴有6首乐章，席间依次奏唱。如新科状元等进入殿门时，高奏《正安》乐章，其词曰："多士济济，于彼西雍。钦肃威仪，亦有斯容。烝然来恩，自西自东。天畀尔禄，惟王其崇。"明朝时，赐新进士之宴，复用宋初琼林宴的称谓。入清以后，改琼林宴为"恩荣宴"，不过这只是官方规定的正式名称，人们平时仍以琼林称之。"恩荣宴"由礼部主办，宴饮时奏《启天门》之章，词曰：

> 启天门，日丽黄金榜。趁骅骝，缓步青云上。论圣贤，事业无涯量，况平生温饱何曾望。念鲰生，叨渥泽，天来广。虽持寸草心，莫报君恩荡，涓埃矢竭酬天贶。珧筵内，金壶玉浆。月台上，丝竹铿锵。继自今，木天清敞。增泰岩，不辞土壤。

曲词骈俪绮靡，浑圆清畅，有对新擢第者的谆谆贺勉，也有对"浩荡君恩"的极度崇扬。

缪彤在《胪传纪事》中也记述了他于康熙六年三月赴恩荣宴的情景：

> 二十五日到礼部与恩荣宴。读卷官自满汉大学士以下，收卷官、掌卷官自翰林科部以下，监试御史及巡缉、供给各官，俱与宴。皇上遣内大臣佟国舅陪宴，彤一席，榜眼探花一席，诸进士四人一席，用满洲桌银盘，果品食物四十余品，皆奇珍异味，极天厨之馔。御赐酒，三鼎甲用金碗，随其量尽醉无算。宫花一枝，小绢牌一面，上有"恩荣宴"三字，状元用银牌。

到乾隆年间，据汪学金等人记载，恩荣宴盛况依然。但到了清代末期，景况大为萧条。如商衍鎏回忆说："余甲辰科赴礼部恩荣宴时，则果肴皆出装饰，粗瓷竹箸，十余席罗列堂下东西，形式极为简陋，读卷大臣执事各官亦无至者，除一甲三名外，其余二三甲进士寥寥无几。是日派恭亲王为主席，到时进礼部大堂侘傺一坐，诸进士谢恩后，亲王即起立出门。从前礼节固无一存，而与缪、汪两氏之所记载，亦有天渊之别矣。"商氏所说，乃光绪三十年（1904年）之事，由此也可见科举取士制度没落的景况。

 赏赐及谢恩

顺治十五年定：殿试传胪后五日，于午门前领赏。赐状元六品朝冠、朝衣、补服、带韡（音 xuē，靴子）袜。进士各银五两。次日状元率诸进士上表谢恩。《胪传纪事》中记康熙丁未科情景说："四月初二日，午门外赐彤袍帽。水晶金顶凉帽一顶，镶蟒石青朝衣一件，玳瑁银带一条，荷包、牙筒、刀子俱全，马皮靴一双。当时更易，率诸进士行三拜九叩头礼。榜眼、探花以下，俱折钞五两。"与顺治时所定之制，大体相合。赏赐之后，新科状元要穿着朝衣朝冠，恭捧《谢恩表》，率全体进士入朝谢恩。《谢恩表》原应由新科状元主笔，但因他草茅新进，照例要由前科状元代作。《谢恩表》置于匣内，由内阁官员代为收进。

释褐礼

包括祭典孔子、释褐易官服及拜见祭酒司业等仪式。是日，由鸿胪寺官引领新科进士到国子监行释菜礼。"释菜"又名"舍采"，是祭祀先师的一种礼节。状元及诸进士要分头祭献孔子、四配、十哲及东西庑的神位。礼毕，释褐。褐者，古时贫寒人衣着之谓。"释褐"指脱掉平民服装，换上官服。所以新进士及第授官，亦称"释褐"。释褐毕，诸进士到彝伦堂拜谒国子监祭酒及司业。祭酒和司业受拜后，要请三鼎甲上堂，每人酌酒一杯，另外各插金花一枝，称为"簪花"，以志祝贺。然后用鼓乐送新进士出。

说到"簪花"，这里还有一段流传很广的故事：当新进士释褐于国子监时，三鼎甲每人一枝金花，除此外总还有一枝备用的。事后，这枝备用的由总理监事者，如祭酒，携归留念。乾隆四十六年（1781年）辛丑科，苏州人钱棨（音 qǐ）中解元、冠南宫、胪唱第一，艳称"连中三元"。释褐时总监事者为国子监祭酒蔡世远，新司业为翁方纲。翁方纲于乾隆四十四年曾任江南乡试同考官，取钱棨为解元，二人可说有师生之谊。所以蔡世远对翁方纲笑曰："今科状元为翁公上年所得士，此花应归翁公。"因此翁方纲将花携归，镌铭其上，并撰《三元考》及《三元喜谶》诗四律。一时间，京师士大夫及四方诗人和者数百家，梓刊为《三元诗集》，盛传为佳话。当时，乾隆皇帝御制诗中，有"国朝经百载，春榜得三元"之句。名士赵云松赠钱棨诗中云："累朝如君十一个，事迹半在青史留。"自有科举以来，钱棨实际上是第十二个"三元"得者，赵云松未把辽代的王棠计算在内，故有此误。

6　刻碑题名

新进士题名之举，始于唐代。唐代新科进士于曲江宴后，有雁塔题名之举。自元代起，题名碑立于国子监。清雍正二年上谕云："进士题名碑，始于唐时。新进士榜后于慈恩寺塔下，题名立碑。自宋明以至我朝，皆建碑于国学，按诸进士甲第先后，刻姓名籍贯于上，凡所以重科名也。"清初之制，诸进士释菜（古代读书人入学时以苹蘩之属祭祀先圣先师的一种典礼）后，礼部题请工部给建碑银一百两，交国子监立石题名。康熙三年时，辅政大臣裁省此典，每科皆由诸进士自己捐资立石。雍正时，上谕认为："科目一途，实用人取士之所系。题名之典，岂宜遗缺？"着工部动用正项钱粮，将所缺者补建，"嗣后每科仍照旧例题请。庶士子观览此碑，知读书之可以荣名，益励其自修上达之志"。故清自顺治至光绪共 112 科，历科进士题名碑，无一缺者，迄今保存于太学旧址内。

新科进士经过上述种种礼仪之后，归寓放假数日，然后就要开始新的生活——入翰林院读书和任职了。

三 历代文武状元概览

　　自唐至清，中国历史上究竟出了多少状元，迄今尚无精确、完整的记载。《文献通考》、《续文献通考》、《玉芝堂谈荟》、《登科记考》、《宋历科状元录》、《明清巍科姓氏录》等古籍，都对历代状元、进士作了记载或考证，不过歧异处较多。今人萧源锦著《状元史话》、车吉心主编《中国状元全传》等书，也在这方面进行了有益的探讨。根据各种史料及今人的研究，可以概括地说，中国历代封建王朝进士科所取士，至今有姓名可考的抡大魁者有近600人（见表3－1）。

表3－1　中国历代状元人数（有姓氏可考者）

朝　代	进士科榜数	进士人数	状元人数
唐	264	6637	147
五代十国	51	635	16
宋	118	42548	118
辽	55	2555	54
金	28	1916	29
元	16	1135	32
明	88	24610	89
清	112	26699	114
总　计	732	106735	599

表 3－1 中统计的是文科状元。自宋至清，还有武科状元。个别农民起义政权也有开科取士的，如大西政权和太平天国时期，也采用过状元的称谓。本书把已考证出的历史上的状元加以胪列，并做些简单的分析。

 文科状元

科举取士之制始于隋，但隋代进士科考试的具体情况已不得而知。

唐代（618～907 年）计 289 年，第一榜进士在唐高祖武德五年（622 年），末榜进士在哀帝天祐四年（907 年），可考的进士科榜数为 264 榜。在唐代，应进士之试的人数最多，每科多时 2000 人，少也不下千人，但录取则是百中选一。如高祖武德年间有 5 榜，每榜只取进士 4～7 人。高宗永徽五年（654 年）甲寅科，只取进士 1 人。唐代 264 榜中，取 10 人以下者占 30 榜，一般每榜取 20 多人。至于状元的姓名，多已失传，至今有姓名可考者仅 147 人，其中 4 人科分不详（见表 3－2）。

表 3－2　唐代状元表

朝名	科　分	状元姓名	籍　贯
高祖	武德五年(622 年)壬午	孙伏伽	武城(今河北清河)
高宗	咸亨元年(670 年)庚午	宋守节	
	上元二年(675 年)乙亥	郑　益	
	永淳元年(682 年)壬午	许　且	
武则天	垂拱元年(685 年)乙酉	吴师道	
	垂拱三年(687 年)丁亥	陈伯玉	

状
元
史
话

朝名	科　分	状元姓名	籍　贯
中宗	神龙二年(706年)丙午	姚仲豫	
睿宗	太极元年(712年)壬子	常无名	河内(今河南沁阳)
玄宗	开元二年(714年)甲寅	李昂	
	开元四年(716年)丙辰	范崇凯	内江(今四川内江)
	开元九年(721年)辛酉	王维	祁县(今山西祁县)
	开元十二年(724年)甲子	杜绾	
	开元十四年(726年)丙寅	严迪	
	开元十五年(727年)丁卯	李巙	
	开元十六年(728年)戊辰	虞咸	
	开元十七年(729年)己巳	王正卿	
	开元二十一年(733年)癸酉	徐徵	
	开元二十二年(734年)甲戌	李琚	顿丘(今河南清丰)
	开元二十三年(735年)乙亥	贾至	长乐(今河南洛阳)
	开元二十六年(738年)戊寅	崔曙	
	天宝元年(742年)壬午	王阅	
	天宝二年(743年)癸未	刘单	岐山(今陕西岐山)
	天宝三载(744年)甲申	赵岳	
	天宝五载(746年)丙戌	羊袭吉	
	天宝六载(747年)丁亥	杨护	
	天宝七载(748年)戊子	杨誉	
	天宝十载(751年)辛卯	李巨卿	
	天宝十二载(753年)癸巳	杨儇	
	天宝十三载(754年)甲午	杨纮	
	天宝十四载(755年)乙未	常衮	京兆(今陕西西安)
	天宝十五载(756年)丙申	卢庚	
代宗	广德元年(763年)癸卯	洪源	
	广德二年(764年)甲辰	杨栖梧	
	永泰元年(765年)乙巳	萧遘	
	大历四年(769年)己酉	齐映	高阳(今河北河间)
	大历五年(770年)庚戌	李搏	
	大历六年(771年)辛亥	王溆	
	大历七年(772年)壬子	张式	南阳(今河南南阳)
	大历九年(774年)甲寅	杨凭	弘农(今河南灵宝)
	大历十年(775年)乙卯	丁泽	
	大历十二年(777年)丁巳	黎逢	
	大历十三年(778年)戊午	杨凝	弘农(今河南灵宝)
	大历十四年(779年)己未	王储	

朝名	科　分	状元姓名	籍　贯
德宗	建中元年(780年)庚申	魏弘简	
	建中二年(781年)辛酉	崔元翰	博陵(今河北蠡县)
	建中四年(783年)癸亥	薛展	
	贞元元年(785年)乙丑	郑全济	荥阳(今河南荥阳)
	贞元二年(786年)丙寅	张正甫	南阳(今河南南阳)
	贞元三年(787年)丁卯	牛锡庶	
	贞元五年(789年)己巳	卢顼	
	贞元七年(791年)辛未	尹枢	阆州(今四川阆中)
	贞元八年(792年)壬申	贾稜	
	贞元九年(793年)癸酉	苑论	马邑(今山西朔州)
	贞元十年(794年)甲戌	陈讽	
	贞元十二年(796年)丙子	李程	成纪(今甘肃秦安)
	贞元十三年(797年)丁丑	郑巨源	
	贞元十四年(798年)戊寅	李随	
	贞元十五年(799年)己卯	封孟绅	
	贞元十六年(800年)庚辰	陈权	
	贞元十七年(801年)辛巳	班肃	
	贞元十八年(802年)壬午	徐晦	
宪宗	元和元年(806年)丙戌	武翊黄	太原(今山西太原)
	元和二年(807年)丁亥	王源中	
	元和三年(808年)戊子	柳公权	华原(今陕西耀县)
	元和四年(809年)己丑	韦瓘	万年(今陕西西安)
	元和五年(810年)庚寅	李顾行	
	元和七年(812年)壬辰	李固言	赵郡(今河北赵县)
	元和八年(813年)癸巳	尹极	阆州(今四川阆中)
	元和九年(814年)甲午	张又新	陆泽(今河北深县)
	元和十一年(816年)丙申	郑澥	荥阳(今河南荥阳)
	元和十三年(818年)戊戌	独孤樟	
	元和十四年(819年)己亥	韦谌	
	元和十五年(820年)庚子	卢储	
穆宗	长庆二年(822年)壬寅	贾悚	洛阳(今河南洛阳)
	长庆三年(823年)癸卯	郑冠	
	长庆四年(824年)甲辰	李群	合肥(今安徽合肥)

状元史话

朝名	科　分	状元姓名	籍　贯
敬宗	宝历元年(825 年)乙巳	柳　璟	济源(今河南济源)
	宝历二年(826 年)丙午	裴　俅	
文宗	大和元年(827 年)丁未	李　郃	延唐(今湖南宁远)
	大和三年(828 年)戊申	韦　筹	
	大和三年(829 年)己酉	李　远	云阳(今重庆云阳)
	大和四年(830 年)庚戌	宋　祁	
	大和五年(831 年)辛亥	杜　陟	
	大和六年(832 年)壬子	李　皀	
	大和七年(833 年)癸丑	李　余	成都(今四川成都)
	大和八年(834 年)甲寅	陈　宽	
	大和九年(835 年)乙卯	郑　确	
	开成二年(837 年)丁巳	李　肱	
	开成三年(838 年)戊午	裴思谦	
	开成四年(839 年)己未	崔　口	
	开成五年(840 年)庚申	李从实	
武宗	会昌元年(841 年)辛酉	崔　岘	
	会昌二年(842 年)壬戌	郑　颢	荥阳(今河南荥阳)
	会昌三年(843 年)癸亥	卢　肇	宜春(今江西宜春)
	会昌四年(844 年)甲子	郑　言	荥阳(今河南荥阳)
	会昌五年(845 年)乙丑	易　重	宜春(今江西宜春)
	会昌六年(846 年)丙寅	狄慎思	
宣宗	大中元年(847 年)丁卯	顾　标	
	大中二年(848 年)戊辰	卢　深	
	大中三年(849 年)己巳	于　珪	洛阳(今河南洛阳)
	大中四年(850 年)庚午	张温琪	
	大中五年(851 年)辛未	李　郜	
	大中七年(853 年)癸酉	于　珪	洛阳(今河南洛阳)
	大中八年(854 年)甲戌	颜　标	
	大中十年(856 年)丙子	崔　铏	
	大中十二年(858 年)戊寅	李　亿	
	大中十三年(859 年)己卯	孔　纬	曲阜(今山东曲阜)
	大中十四年(860 年)庚辰	刘　蒙	

朝名	科　　分	状元姓名	籍　　贯
懿宗	咸通二年(861年)辛巳	裴延鲁	
	咸通三年(862年)壬午	薛　迈	
	咸通四年(863年)癸未	孙龙光	
	咸通七年(866年)丙戌	韩　衮	河阳(今河南孟县)
	咸通八年(867年)丁亥	郑洪业	荥阳(今河南荥阳)
	咸通九年(868年)戊子	赵　峻	
	咸通十年(869年)己丑	归仁绍	吴县(今江苏苏州)
	咸通十二年(871年)辛卯	李　筠	
	咸通十三年(872年)壬辰	郑昌图	
	咸通十四年(873年)癸巳	孔　缵	曲阜(今山东曲阜)
	咸通十五年(874年)甲午	归仁泽	吴县(今江苏苏州)
僖宗	乾符二年(875年)乙未	郑合敬	
	乾符三年(876年)丙申	孔　缄	曲阜(今山东曲阜)
	乾符五年(878年)戊戌	孙　偓	
	广明元年(880年)庚子	郑　蔼	
	中和三年(883年)癸卯	崔昭纬	清河(今河北清河)
	光启元年(885年)乙巳	许祐孙	
	光启二年(886年)丙午	陆　扆	嘉兴(今浙江嘉兴)
	光启四年(888年)戊申	郑贻矩	荥阳(今河南荥阳)
昭宗	龙纪元年(889年)己酉	李　瀚	
	大顺元年(890年)庚戌	杨赞禹	
	大顺二年(891年)辛亥	崔昭矩	清河(今河北清河)
	景福元年(892年)壬子	归　黯	
	景福二年(893年)癸丑	崔　胶	
	乾宁元年(894年)甲寅	苏　检	
	乾宁二年(895年)乙卯	赵观文	桂州(今广西桂林)
	乾宁三年(896年)丙辰	崔　谔	
	乾宁四年(897年)丁巳	杨赞图	
	乾宁五年(898年)戊午	羊绍素	
	光化二年(899年)己未	卢文焕	
	光化三年(900年)庚申	裴　格	
	光化四年(901年)辛酉	归　佾	苏州(今江苏苏州)

朝名	科 分	状元姓名	籍 贯
哀帝	天祐二年(905年)乙丑	归 係	苏州(今江苏苏州)
	天祐三年(906年)丙寅	裴 说	
	天祐四年(907年)丁卯	崔 詹	
唐代状元科分不详者		孔敏行	曲阜(今山东曲阜)人
		孔 拯	曲阜(今山东曲阜)人
		孔 振	曲阜(今山东曲阜)人
		颜康成	曲阜(今山东曲阜)人

唐代 147 名状元中，籍贯可考的有 55 人。其中，属于今河南、河北、山东、陕西、山西、四川、甘肃等省（唐代为京畿、关内、河东、河北、山东等道）的有 45 人，属于今江苏、江西、安徽、湖南、浙江、广西等省区（唐代为江南东、江南西、黔中等道）的有 10 人，说明唐代人才与文化重心仍在黄河流域。

唐亡以后，中国经历了 50 余年的分裂动乱，史称五代十国时期（907～960 年）。在这期间，各封建政权也大都实行过科举取士制度，但史料阙如。目前能考证出的状元仅有 16 人（见表 3－3）。

宋代（960～1279 年）计 319 年，其中北宋经 9 帝、南宋经 9 帝。宋代从太祖建隆元年（960 年）开科取士，至度宗咸淳十年（1274 年），共取 118 榜进士，有状元 118 人（见表 3－4）。

在宋代 118 名状元中，有 113 人的籍贯可以查出。长江流域及江南地区，即今江西、江苏、浙江、湖北、湖南、安徽、广东、广西、四川、福建等省区（宋代

表3-3 五代十国状元表

朝名	科　分	状元姓名	籍　贯
后梁太祖	开平二年(908年)戊辰	崔邈	
末帝	贞明四年(918年)戊寅	陈逖	
后唐庄宗	同光二年(924年)甲申	崔光表	
	同光三年(925年)乙酉	王彻	莘(今山东莘县)
	同光四年(926年)丙戌	王归朴	简州(今四川简阳)
明宗	天成二年(927年)丁亥	黄仁颖	
	天成三年(928年)戊子	郭晙	
闵帝	长兴三年(932年)壬辰	卢华	
后晋出帝	开运二年(945年)乙巳	寇湘	下邽(今陕西渭南东北)
后周太祖	广顺二年(952年)壬子	扈载	北燕(今河北涿鹿)
后汉高祖	乾祐元年(948年)戊申	王溥	祁县(今山西祁县)
隐帝	乾祐三年(950年)庚戌	王朴	东平(今山东东平)
南汉刘龑	乾亨二年(918年)戊寅	简文会	南海(今广东广州)

五代十国状元科分不详者3人：

后蜀　费黄裳　广都（今四川双流）人

南汉　梁嵩　平海（今广西平南）人

南唐　何乔　德化（今江西九江）人

表3-4 宋代状元表

朝名	科　分	状元姓名	籍　贯
太祖	建隆元年(960年)庚申	杨砺	鄠县(今陕西户县)
	建隆二年(961年)辛酉	张去华	襄邑(今河南睢县)
	建隆三年(962年)壬戌	马适	湖口(今江西湖口)
	乾德元年(963年)癸亥	苏德祥	青州(今山东益都)
	乾德二年(964年)甲子	李景阳	
	乾德三年(965年)乙丑	刘察	
	乾德四年(966年)丙寅	李肃	
	乾德五年(967年)丁卯	刘蒙叟	宁陵(今河南宁陵)
	乾德六年(968年)戊辰	柴成务	济阴(今山东菏泽)
	开宝二年(969年)己巳	安德裕	河南(今河南洛阳)
	开宝三年(970年)庚午	张拱	
	开宝四年(971年)辛未	刘寅	
	开宝五年(972年)壬申	安守亮	河南(今河南洛阳)
	开宝六年(973年)癸酉	宋准	雍丘(今河南杞县)
	开宝八年(975年)乙亥	王嗣宗	汾州(今山西汾阳)

43

朝名	科　分	状元姓名	籍　贯
太宗	太平兴国二年(977年)丁丑	吕蒙正	河南(今河南洛阳)
	太平兴国三年(978年)戊寅	胡　旦	渤海(今山东滨县)
	太平兴国五年(980年)庚辰	苏易简	铜山(今四川中江)
	太平兴国八年(983年)癸未	王世则	长沙(今湖南长沙)
	雍熙二年(985年)乙酉	梁　颢	须城(今山东东平)
	端拱元年(988年)戊子	程　宿	衢州(今浙江衢县)
	端拱二年(989年)己丑	陈尧叟	阆中(今四川阆中)
	淳化三年(992年)壬辰	孙　何	汝阳(今河南汝南)
真宗	咸平元年(998年)戊戌	孙　僅	汝阳(今河南汝南)
	咸平二年(999年)己亥	孙　暨	汝州(今河南临汝)
	咸平三年(1000年)庚子	陈尧咨	阆中(今四川阆中)
	咸平五年(1002年)壬寅	王　曾	益都(今山东青州)
	景德二年(1005年)乙巳	李　迪	鄄城(今山东鄄城)
	大中祥符元年(1008年)戊申	姚　晔	商水(今河南商水)
	大中祥符二年(1009年)己酉	梁　固	须城(今山东东平)
	大中祥符四年(1011年)辛亥	张师德	襄邑(今河南睢县)
	大中祥符五年(1012年)壬子	徐　奭	建安(今福建建瓯)
	大中祥符七年(1014年)甲寅	张　观	绛州(今山西绛县)
	大中祥符八年(1015年)乙卯	蔡　齐	胶水(今山东平度)
	天禧三年(1019年)己未	王　整	咸阳(今陕西咸阳)
仁宗	天圣二年(1024年)甲子	宋　庠	雍丘(今河南杞县)
	天圣五年(1027年)丁卯	王尧臣	虞城(今河南虞城)
	天圣八年(1030年)庚午	王拱辰	咸平(今河南通许)
	景祐元年(1034年)甲戌	张唐卿	青州(今山东青州)
	宝元元年(1038年)戊寅	吕　溱	扬州(今江苏扬州)
	庆历二年(1042年)壬午	杨　真	合肥(今安徽合肥)
	庆历六年(1046年)丙戌	贾　黯	南阳(今河南南阳)
	皇祐元年(1049年)己丑	冯　京	江夏(今湖北武汉)
	皇祐五年(1053年)癸巳	郑　獬	安陆(今湖北安陆)
	嘉祐二年(1057年)丁酉	章　衡	浦城(今福建蒲城)
	嘉祐四年(1059年)己亥	刘　辉	铅山(今江西铅山)
	嘉祐六年(1061年)辛丑	王俊民	掖县(今山东掖县)
	嘉祐八年(1063年)癸卯	许　将	闽县(今福建福州)

朝名	科　　分	状元姓名	籍　　贯
英宗	治平二年（1065 年）乙巳	彭汝砺	鄱阳（今江西波阳）
	治平四年（1067 年）丁未	许安世	襄邑（今河南睢县）
神宗	熙宁三年（1070 年）庚戌	叶祖洽	邵武（今福建邵武）
	熙宁六年（1073 年）癸丑	余　中	宜兴（今江苏宜兴）
	熙宁九年（1076 年）丙辰	徐　铎	莆田（今福建莆田）
	元丰三年（1079 年）己未	时　彦	开封（今河南开封）
	元丰五年（1082 年）壬戌	黄　裳	剑浦（今福建泉州）
	元丰八年（1085 年）乙丑	焦　蹈	合肥（今安徽合肥）
哲宗	元祐三年（1088 年）戊辰	李常宁	开封（今河南开封）
	元祐六年（1091 年）辛未	马　涓	保宁（今四川理县）
	绍圣元年（1094 年）甲戌	毕　渐	潜江（今湖北潜江）
	绍圣四年（1097 年）丁丑	何昌言	临江（今江西清江）
	元符三年（1100 年）庚辰	李　釜	大名（今河北大名）
徽宗	崇宁二年（1103 年）癸未	霍端友	武进（今江苏武进）
	崇宁五年（1106 年）丙戌	蔡　嶷	开封（今河南开封）
	大观三年（1109 年）己丑	贾安宅	乌程（今浙江湖州）
	政和二年（1112 年）壬辰	莫　俦	湖州（今浙江吴兴）
	政和五年（1115 年）乙未	何　㮊	仙井监（今四川仁寿）
	重和元年（1118 年）戊戌	王　昂	江都（今江苏扬州）
	宣和三年（1121 年）辛丑	何　涣	永康（今浙江永康）
	宣和六年（1124 年）甲辰	沈　晦	崇德（今浙江桐乡）
高宗	建炎二年（1128 年）戊申	李　易	江都（今江苏扬州）
	绍兴二年（1132 年）壬子	张九成	钱塘（今浙江杭州）
	绍兴五年（1135 年）乙卯	汪应辰	玉山（今属江西玉山）
	绍兴八年（1138 年）戊午	黄公度	莆田（今福建莆田）
	绍兴十二年（1142 年）壬戌	陈诚之	闽县（今福建福州）
	绍兴十五年（1145 年）乙丑	刘　章	龙游（今浙江衢县）
	绍兴十八年（1148 年）戊辰	王　佐	山阴（今浙江绍兴）
	绍兴二十一年（1151 年）辛未	赵　逵	资州（今四川资中）
	绍兴二十四年（1154 年）甲戌	张孝祥	乌江（今安徽和县）
	绍兴二十七年（1157 年）丁丑	王十朋	永宁（今浙江乐清）
	绍兴三十年（1160 年）庚辰	梁克家	晋江（今福建泉州）

朝名	科　　分	状元姓名	籍　　贯
孝宗	隆兴元年(1163 年)癸未	木待问	永嘉(今浙江温州)
	乾道二年(1166 年)丙戌	萧国梁	永福(今福建永泰)
	乾道五年(1169 年)己丑	郑　侨	莆田(今福建莆田)
	乾道八年(1172 年)壬辰	黄　定	永福(今福建永泰)
	淳熙二年(1175 年)乙未	詹　骙	会稽(今浙江绍兴)
	淳熙五年(1178 年)戊戌	姚　颖	鄞县(今浙江宁波)
	淳熙八年(1181 年)辛丑	黄　由	长洲(今江苏苏州)
	淳熙十一年(1184 年)甲辰	卫　泾	昆山(今江苏昆山)
	淳熙十四年(1187 年)丁未	王　容	湘阴(今湖南湘阴)
光宗	绍熙元年(1190 年)庚戌	余　复	宁德(今福建宁德)
	绍熙四年(1193 年)癸丑	陈　亮	永康(今浙江永康)
宁宗	庆元二年(1196 年)丙辰	邹应龙	泰宁(今福建泰宁)
	庆元五年(1199 年)己未	曾从龙	晋江(今福建泉州)
	嘉泰二年(1202 年)壬戌	傅行简	鄞县(今浙江宁波)
	开禧元年(1205 年)乙丑	毛自知	西安(今浙江衢县)
	嘉定元年(1208 年)戊辰	郑性之	侯官(今福建福州)
	嘉定四年(1211 年)辛未	赵建夫	永嘉(今浙江温州)
	嘉定七年(1214 年)甲戌	袁　甫	鄞县(今浙江宁波)
	嘉定十年(1217 年)丁丑	吴　潜	宁国(今安徽宁国)
	嘉定十三年(1220 年)庚辰	刘　渭	金华(今浙江金华)
	嘉定十六年(1223 年)癸未	蒋重珍	无锡(今江苏无锡)
理宗	宝庆二年(1226 年)丙戌	王会龙	临海(今浙江临海)
	绍定二年(1229 年)己丑	黄　朴	侯官(今福建福州)
	绍定五年(1232 年)壬辰	徐元杰	上饶(今江西上饶)
	端平二年(1235 年)乙未	吴叔告	莆田(今福建莆田)
	嘉熙二年(1238 年)戊戌	周　坦	永嘉(今浙江温州)
	淳祐元年(1241 年)辛丑	徐俨夫	平阳(今浙江平阳)
	淳祐四年(1244 年)甲辰	留梦炎	衢州(今浙江衢州)
	淳祐七年(1247 年)丁未	张渊微	新城(今江西黎川)
	淳祐十年(1250 年)庚戌	方逢辰	淳安(今浙江淳安)
	宝祐元年(1253 年)癸丑	姚　勉	高安(今江西高安)
	宝祐四年(1256 年)丙辰	文天祥	庐陵(今江西吉安)
	开庆元年(1259 年)己未	周震炎	当涂(今安徽当涂)
	景定三年(1262 年)壬戌	方山京	慈溪(今浙江宁波)

朝名	科　　分	状元姓名	籍　　贯
度宗	咸淳元年(1265年)乙丑	阮登炳	吴县(今江苏苏州)
	咸淳四年(1268年)戊辰	陈文龙	兴化军(今福建莆田)
	咸淳七年(1271年)辛未	张镇孙	南海(今广东广州)
	咸淳十年(1274年)甲戌	王龙泽	义乌(今浙江义乌)

属两浙西路、两浙东路、江南东路、江南西路、荆湖南路、荆湖北路、福建路等)，占79人。黄河流域，即今陕西、河南、山东、山西、河北等省(宋代属京畿路、京西南路、京西北路、京东东路、京东西路等)，占34人。南方籍状元的比重显然高于北方。

与宋代并存的辽、金两个少数民族政权也曾开科取士。辽代(916~1125年)计209年，从辽圣宗统和六年(988年)至萧德妃德兴元年(1122年)，进士科有55榜，状元姓名可考者有54人，其中1人科分不详。金代(1115~1234年)计119年，从太宗天会十年(1132年)至哀宗正大七年(1230年)，进士科有28榜，状元有29人，其中9人科分不详(见表3-5、表3-6)。

从金代状元籍贯看，属今辽宁、黑龙江地区也出了状元，这在中国历史上是罕见的。

元代(1271~1368年)计97年，经10帝。元代自仁宗延祐二年(1315年)开科取士，至顺帝至正二十六年(1366年)，共开进士科16次，皆蒙、汉分榜，有状元32人(见表3-7)。

表 3－5　辽代状元表

朝名	科　分	状元姓名	籍　贯
圣宗	统和七年（989年）己丑	高　正	
	统和八年（990年）庚寅	郑云从	
	统和九年（991年）辛卯	石用中	
	统和十一年（993年）癸巳	王熙载	
	统和十二年（994年）甲午	吕德懋	
	统和十三年（995年）乙未	王用极	
	统和十四年（996年）丙申	张　俭	宛平（今北京）
	统和十五年（997年）丁酉	陈　鼎	
	统和十六年（998年）戊戌	杨文立	
	统和十七年（999年）己亥	初　锡	
	统和十八年（1000年）庚子	南承保	
	统和二十年（1002年）壬寅	邢　祥	
	统和二十二年（1004年）甲辰	李可封	
	统和二十四年（1006年）丙午	杨　佶	南京（今北京）
	统和二十六年（1008年）戊申	史克忠	
	统和二十七年（1009年）己酉	刘二宜	
	统和二十九年（1011年）辛亥	高承颜	
	开泰元年（1012年）壬子	史　简	
	开泰二年（1013年）癸丑	鲜于茂昭	
	开泰三年（1014年）甲寅	张用行	
	开泰五年（1016年）丙辰	孙　杰	
	开泰七年（1018年）戊午	张克恭	
	开泰九年（1020年）庚申	张仲举	
	太平二年（1022年）壬戌	张　渐	
	太平四年（1024年）甲子	李　炯	
	太平五年（1025年）乙丑	张　昱	
	太平八年（1028年）戊辰	张　宥	
	太平九年（1029年）己巳	张仁纪	
兴宗	景福元年（1031年）辛未	刘　真	
	重熙元年（1032年）壬申	刘师贞	
	重熙五年（1036年）丙子	冯　立	
	兴宗重熙七年（1038年）戊寅	邢彭年	
	重熙十一年（1042年）壬午	王　实	
	重熙十五年（1046年）丙戌	王　棠	新城（今河北）

朝名	科　　分	状元姓名	籍　　贯
道宗	清宁元年(1055 年)乙未	张孝杰	永霸(今辽宁朝阳西)
	清宁五年(1059 年)己亥	梁　援	广宁(今河北昌黎)
	清宁八年(1062 年)壬寅	王　鼎	涿州(今河北涿县)
	咸雍二年(1066 年)丙午	张　臻	
	咸雍六年(1070 年)庚戌	赵廷睦	
	大康五年(1079 年)己未	刘　瓘	
	大康九年(1083 年)癸亥	李君裕	
	大安二年(1086 年)丙寅	张　毂	
	大安六年(1090 年)庚午	文　充	
	大安八年(1092 年)壬申	寇尊文	
	寿昌元年(1095 年)乙亥	陈衡哲	
	寿昌六年(1100 年)庚辰	康秉俭	
天祚帝	乾统三年(1103 年)癸未	马恭回	
	乾统七年(1107 年)丁亥	李　石	辽阳(今辽宁)
	乾统九年(1109 年)己丑	刘　祯	
	天庆二年(1112 年)壬辰	韩　昉	燕京(今北京)
	天庆八年(1118 年)戊戌	王　翚	
宣宗	建福元年(1122 年)壬寅	李宝信	
萧德妃	德兴元年(1122 年)壬寅	李　球	

辽代状元科分不详者 1 人：
边贯道　丰州（今辽宁辽阳）人

表 3-6　金代状元表

朝名	科　　分	状元姓名	籍　　贯
太宗	天会十年(1132 年)壬子	胡　砺	密州(今山东诸城)
熙宗	天眷二年(1139 年)己未	石　琚	定州(今河北定县)
海陵王	天德二年(1150 年)庚午	吕忠翰	
	天德三年(1151 年)辛未	杨建中	
	正隆二年(1157 年)丁丑	郑子聘	大定(今辽宁凌源西)

朝名	科　分	状元姓名	籍　贯
世宗	大定三年(1163 年)癸未	孟宗献	开封(今河南开封)
	大定十三年(1173 年)癸巳	徒单镒	连连保子猛安(今黑龙江阿城)
	大定十九年(1179 年)己亥	张行简	日照(今山东日照)
章宗	明昌二年(1191 年)辛亥	王　泽	
	明昌五年(1194 年)甲寅	杨云翼	乐平(今山西昔阳)
	承安二年(1197 年)丁巳	纳兰胡鲁剌	大名(今河北大名)
	泰和六年(1206 年)丙寅	李　演	任城(今山东济宁东南)
宣宗	贞祐元年(1213 年)癸酉	张　本	
	贞祐三年(1215 年)乙亥	李献能	河中(今山西永济)
	兴定五年(1221 年)辛卯	斡勒业德	
哀宗	正大元年(1224 年)甲申	富珠哩察罕 王　鹗	东明(今属山东)
	正大四年(1227 年)丁亥	卢　亚	偃师(今河南偃师)
	正大七年(1230 年)庚寅	李　塘	

金代状元科分不详者 4 人：

王彦潜　河间（今河北河间）人

孙用康

刘仲渊

常大荣

表 3-7　元代状元表

朝名	科　分	状元姓名	籍　贯
仁宗	延祐二年(1315 年)乙卯	噜呼图克岱尔 张起岩	江夏(今湖北武汉)
	延祐五年(1318 年)戊午	身图克岱尔 霍希贤	
英宗	至治元年(1321 年)辛酉 宋　本	泰不华 大都(今北京)	
泰定帝	泰定元年(1324 年)甲子	巴　拉 张　益	
	泰定四年(1327 年)丁卯	阿恰齐 李　黼	颍州(今安徽阜阳)

朝名	科　分	状元姓名	籍　贯
文宗	至顺元年(1330年)庚午	笃列图 王文煜	
顺帝	元统元年(1333年)癸酉	同　同	
		李　齐	广平(今河北广平)
	至正二年(1342年)壬午	拜　珠	
		陈祖仁	汴(今河南开封)
	至正五年(1345年)乙酉	普颜不花	
	至正八年(1348年)戊子	张士坚	
		阿鲁木特穆尔	
	至正十一年(1351年)辛卯	王宗哲	遂州(今河北徐水西北)
		图列图	
		文允中	成都(今四川成都)
	至正十四年(1354年)甲午	薛朝晤	
		牛朝志	
	至正十七年(1357年)丁酉	悦　徵	
	至正二十年(1360年)庚子	王宗嗣 迈　珠	
		魏元礼	
	至正二十三年(1363年)癸卯	宝　宝 杨　锐	
	至正二十六年(1366年)丙午	哈喇布哈 张　栋	

　　明代（1368～1644年）计276年，经14帝。自太祖洪武四年开科取士，至崇祯十六年，共有进士科88榜。其中，洪武三十年丁丑科状元陈䢴夺魁后不久被杀，朝廷再取韩克忠为状元。故明代状元计89人（见表3－8）。

51

表 3-8 明代状元表

朝名	科 分	状元姓名	籍 贯
太祖	洪武四年(1371年)辛亥	吴伯宗	金溪(今江西金溪)
	洪武十八年(1385年)乙丑	丁 显	建阳(今福建建阳)
	洪武二十一年(1388年)戊辰	任亨泰	襄阳(今湖北襄樊)
	洪武二十四年(1391年)辛未	黄 观	贵池(今安徽贵池)
	洪武二十七年(1394年)甲戌	张 信	定海(今浙江镇海)
	洪武三十年(1397年)丁丑	陈 郯	闽县(今福建福州)
		韩克忠	武城(今山东武城)
惠帝	建文二年(1400年)庚辰	胡 广	吉水(今江西吉水)
成祖	永乐二年(1404年)甲申	曾 棨	永丰(今江西永丰)
	永乐四年(1406年)丙戌	林 环	莆田(今福建莆田)
	永乐九年(1411年)辛卯	萧时中	庐陵(今江西吉安)
	永乐十年(1412年)壬辰	马 铎	长乐(今福建长乐)
	永乐十三年(1415年)乙未	陈 循	泰和(今江西泰和)
	永乐十六年(1418年)戊戌	李 骐	长乐(今福建长乐)
	永乐十九年(1421年)辛丑	曾鹤龄	泰和(今江西泰和)
	永乐二十二年(1424年)甲辰	邢 宽	无为(今安徽无为)
宣宗	宣德二年(1427年)丁未	马 愉	临朐(今山东临朐)
	宣德五年(1430年)庚戌	林 震	长泰(今福建长泰)
	宣德八年(1433年)癸丑	曹 鼐	宁晋(今河北宁晋)
英宗	正统元年(1436年)丙辰	周 旋	永嘉(今浙江温州)
	正统四年(1439年)己未	施 槃	吴县(今江苏苏州)
	正统七年(1442年)壬戌	刘 俨	吉水(今江西吉水)
	正统十年(1445年)乙丑	商 辂	淳安(今浙江淳安)
	正统十三年(1448年)戊辰	彭 时	安福(今江西安福)
代宗	景泰二年(1451年)辛未	柯 潜	莆田(今福建莆田)
	景泰五年(1454年)甲戌	孙 贤	杞县(今河南杞县)
英宗	天顺元年(1457年)丁丑	黎 淳	华容(今湖南华容)
	天顺四年(1460年)庚辰	王一夔	新建(今江西新建)
	天顺八年(1464年)甲申	彭 教	吉水(今江西吉水)

朝名	科　分	状元姓名	籍　贯
宪宗	成化二年(1466 年)丙戌	罗　伦	永丰(今江西永丰)
	成化五年(1469 年)己丑	张　升	南城(今江西南城)
	成化八年(1472 年)壬辰	吴　宽	长洲(今江苏苏州)
	成化十一年(1475 年)乙未	谢　迁	余姚(今浙江余姚)
	成化十四年(1478 年)戊戌	曾　彦	泰和(今江西泰和)
	成化十七年(1481 年)辛丑	王　华	余姚(今浙江余姚)
	成化二十年(1484 年)甲辰	李　旻	钱塘(今浙江杭州)
	成化二十三年(1487 年)丁未	费　宏	铅山(今江西铅山)
孝宗	弘治三年(1490 年)庚戌	钱　福	华亭(今上海松江西)
	弘治六年(1493 年)癸丑	毛　澄	昆山(今江苏昆山)
	弘治九年(1496 年)丙辰	朱希周	昆山(今江苏昆山)
	弘治十二年(1499 年)己未	伦文叙	南海(今广东广州)
	弘治十五年(1502 年)壬戌	康　海	武功(今陕西武功)
	弘治十八年(1505 年)乙丑	顾鼎臣	昆山(今江苏昆山)
武宗	正德三年(1508 年)戊辰	吕　柟	高陵(今陕西高陵)
	正德六年(1511 年)辛未	杨　慎	新都(今四川新都)
	正德九年(1514 年)甲戌	唐　皋	歙县(今安徽歙县)
	正德十二年(1517 年)丁丑	舒　芬	进贤(今江西进贤)
	正德十六年(1521 年)辛巳	杨维聪	固安(今河北固安)
世宗	嘉靖二年(1523 年)癸未	姚　涞	慈溪(今浙江慈溪)
	嘉靖五年(1526 年)丙戌	龚用卿	怀安(今福建怀安)
	嘉靖八年(1529 年)己丑	罗洪先	吉水(今江西吉水)
	嘉靖十一年(1532 年)壬辰	林大钦	海阳(今广东潮安)
	嘉靖十四年(1535 年)乙未	韩应龙	余姚(今浙江余姚)
	嘉靖十七年(1538 年)戊戌	茅　瓒	钱塘(今浙江杭州)
	嘉靖二十年(1541 年)辛丑	沈　坤	大河卫(今江苏淮安)
	嘉靖二十三年(1544 年)甲辰	秦鸣雷	临海(今浙江临海)
	嘉靖二十六年(1547 年)丁未	李春芳	兴化(今江苏兴化)
	嘉靖二十九年(1550 年)庚戌	唐汝楫	兰溪(今浙江兰溪)
	嘉靖三十二年(1553 年)癸丑	陈　谨	闽县(今福建福州)
	嘉靖三十五年(1556 年)丙辰	诸大绶	山阴(今浙江绍兴)
	嘉靖三十八年(1559 年)己未	丁士美	清河(今江苏清江)
	嘉靖四十一年(1562 年)壬戌	申时行	长洲(今江苏苏州)
	嘉靖四十四年(1565 年)乙丑	范应期	乌程(今浙江吴兴)

状元史话

朝名	科 分	状元姓名	籍 贯
穆宗	隆庆二年(1568 年)戊辰	罗万化	会稽(今浙江绍兴)
	隆庆五年(1571 年)辛未	张元忭	山阴(今浙江绍兴)
神宗	万历二年(1574 年)甲戌	孙继皋	无锡(今江苏无锡)
	万历五年(1577 年)丁丑	沈懋学	宣城(今安徽宣城)
	万历八年(1580 年)庚辰	张懋修	江陵(今湖北江陵)
	万历十一年(1583 年)癸未	朱国祚	秀水(今浙江嘉兴)
	万历十四年(1586 年)丙戌	唐文献	华亭(今上海松江西)
	万历十七年(1589 年)己丑	焦 竑	江宁(今江苏南京)
	万历二十年(1592 年)壬辰	翁正春	侯官(今福建福州)
	万历二十三年(1595 年)乙未	朱之蕃	茌平(今山东茌平)
	万历二十六年(1598 年)戊戌	赵秉忠	益都(今山东青州)
	万历二十九年(1601 年)辛丑	张以诚	青浦(今上海青浦)
	万历三十二年(1604 年)甲辰	杨守勤	慈溪(今浙江宁波西北)
	万历三十五年(1607 年)丁未	黄士俊	顺德(今广东顺德)
	万历三十八年(1610 年)庚戌	韩 敬	归安(今浙江吴兴)
	万历四十一年(1613 年)癸丑	周延儒	宜兴(今江苏宜兴)
	万历四十四年(1616 年)丙辰	钱士升	嘉善(今浙江嘉善)
	万历四十七年(1619 年)己未	庄际昌	永春(今福建永春)
熹宗	天启二年(1622 年)壬戌	文震孟	长洲(今江苏苏州)
	天启五年(1625 年)乙丑	余 煌	会稽(今浙江绍兴)
思宗	崇祯元年(1628 年)戊辰	刘若宰	潜山(今江苏潜山)
	崇祯四年(1631 年)辛未	陈于泰	宜兴(今江苏宜兴)
	崇祯七年(1634 年)甲戌	刘理顺	杞县(今河南杞县)
	崇祯十年(1637 年)丁丑	刘同升	吉水(今江西吉水)
	崇祯十三年(1640 年)庚辰	魏藻德	通州(今北京通州)
	崇祯十六年(1643 年)癸未	杨廷鉴	武进(今江苏武进)

明代行政区的划分，与今日已很接近，只是有些省份的称谓不同。按今日的省区而言，明代状元的籍贯分布是：浙江 20 名，居首位；江苏次之，19 名；江西第三，17 名；福建第四，11 名；安徽、山东各 4 名；广东、河北（包括京师）各 3 名；湖北、河南、陕西各 2 名；四川、湖南各 1 名。江浙两省，占了全部状元人数的 44%。

清代（1644～1911 年）计 267 年，历 10 帝。这是我国最后一个中央集权制的封建专制主义王朝，它集历代之大成，建立了一套完整严密的取士任官制度。清代的科举，从世祖顺治三年至光绪三十年，进士科共 112 榜。其中，顺治九年和十二年各分满榜和汉榜，这样，清代共有状元 114 人（见表 3 - 9）。

表 3－9　清代状元表

朝名	科　　分	状元姓名	籍　　贯
世祖	顺治三年（1646 年）丙戌	傅以渐	聊城（今山东聊城）
	顺治四年（1647 年）丁亥	吕　宫	武进（今江苏武进）
	顺治六年（1649 年）己丑	刘子壮	黄冈（今湖北黄冈）
	顺治九年（1652 年）壬辰	邹忠倚	无锡（今江苏无锡）
		麻勒吉	满洲正黄旗
	顺治十二年（1655 年）乙未	史大成	鄞县（今浙江宁波）
		图尔宸	满洲正白旗
	顺治十五年（1658 年）戊戌	孙承恩	常熟（今江苏常熟）
	顺治十六年（1659 年）己亥	徐元文	昆山（今江苏昆山）
	顺治十八年（1661 年）辛丑	马世俊	溧阳（今江苏溧阳）

续表

朝名	科　分	状元姓名	籍　贯
	康熙三年(1664 年)甲辰	严我斯	归安(今浙江吴兴)
	康熙六年(1667 年)丁未	缪　彤	吴县(今江苏苏州)
	康熙九年(1670 年)庚戌	蔡启僔	德清(今浙江德清)
	康熙十二年(1673 年)癸丑	韩　菼	长洲(今江苏苏州)
	康熙十五年(1676 年)丙辰	彭定求	长洲(今江苏苏州)
	康熙十八年(1679 年)己未	归允肃	常熟(今江苏常熟)
	康熙二十一年(1682 年)壬戌	蔡升元	德清(今浙江德清)
	康熙二十四年(1685 年)乙丑	陆肯堂	长洲(今江苏苏州)
	康熙二十七年(1688 年)戊辰	沈廷文	秀水(今浙江嘉兴)
	康熙三十年(1691 年)辛未	戴有祺	金山(今上海金山)
圣祖	康熙三十三年(1694 年)甲戌	胡任舆	上元(今江苏南京)
	康熙三十六年(1697 年)丁丑	李　蟠	徐州(今江苏徐州)
	康熙三十九年(1700 年)庚辰	汪　绎	常熟(今江苏常熟)
	康熙四十二年(1703 年)癸未	王式丹	宝应(今江苏宝应)
	康熙四十五年(1706 年)丙戌	王云锦	无锡(今江苏无锡)
	康熙四十八年(1709 年)己丑	赵熊诏	武进(今江苏武进)
	康熙五十一年(1712 年)壬辰	王世琛	长洲(今江苏苏州)
	康熙五十二年(1713 年)癸巳	王敬铭	嘉定(今上海嘉定)
	康熙五十四年(1715 年)乙未	徐陶璋	长洲(今江苏苏州)
	康熙五十七年(1718 年)戊戌	汪应铨	常熟(今江苏常熟)
	康熙六十年(1721 年)辛丑	邓钟岳	聊城(今山东聊城)
	雍正元年(1723 年)癸卯	于　振	金坛(今江苏金坛)
	雍正二年(1724 年)甲辰	陈悳华	安州(今河北安新)
世宗	雍正五年(1727 年)丁未	彭启丰	长洲(今江苏苏州)
	雍正八年(1730 年)庚戌	周　霖	钱塘(今浙江杭州)
	雍正十一年(1733 年)癸丑	陈　倓	仪征(今江苏仪征)

朝名	科　　分	状元姓名	籍　　贯
	乾隆元年(1736年)丙辰	金德瑛	仁和(今浙江杭州)
	乾隆二年(1737年)丁巳	于敏中	金坛(今江苏金坛)
	乾隆四年(1739年)己未	庄有恭	番禺(今广东广州)
	乾隆七年(1742年)壬戌	金　甡	仁和(今浙江杭州)
	乾隆十年(1745年)乙丑	钱维城	武进(今江苏武进)
	乾隆十三年(1748年)戊辰	梁国治	会稽(今浙江绍兴)
	乾隆十六年(1751年)辛未	吴　鸿	仁和(今浙江杭州)
	乾隆十七年(1752年)壬申	秦大士	江宁(今江苏南京)
	乾隆十九年(1754年)甲戌	庄培因	武进(今江苏武进)
	乾隆二十二年(1757年)丁丑	蔡以台	嘉善(今浙江嘉善)
	乾隆二十五年(1760年)庚辰	毕　沅	镇洋(今江苏太仓)
	乾隆二十六年(1761年)辛巳	王　杰	韩城(今陕西韩城)
	乾隆二十八年(1763年)癸未	秦大成	嘉定(今上海嘉定)
高宗	乾隆三十一年(1766年)丙戌	张书勋	吴县(今江苏苏州)
	乾隆三十四年(1769年)己丑	陈初哲	元和(今江苏苏州)
	乾隆三十六年(1771年)辛卯	黄　轩	休宁(今安徽休宁)
	乾隆三十七年(1772年)壬辰	金　榜	歙县(今安徽歙县)
	乾隆四十年(1775年)乙未	吴锡龄	休宁(今安徽休宁)
	乾隆四十三年(1778年)戊戌	戴衢亨	大庾(今江西大余)
	乾隆四十五年(1780年)庚子	汪如洋	秀水(今浙江嘉兴)
	乾隆四十六年(1781年)辛丑	钱　棨	长洲(今江苏苏州)
	乾隆四十九年(1784年)甲辰	茹　棻	会稽(今浙江绍兴)
	乾隆五十二年(1787年)丁未	史致光	山阴(今浙江绍兴)
	乾隆五十四年(1789年)乙酉	胡长龄	通州(今江苏南通)
	乾隆五十五年(1790年)庚戌	石韫玉	吴县(今江苏苏州)
	乾隆五十八年(1793年)癸丑	潘世恩	吴县(今江苏苏州)
	乾隆六十年(1795年)己卯	王以衔	归安(今浙江吴兴)

朝名	科　分	状元姓名	籍　贯
仁宗	嘉庆元年(1796 年)丙辰	赵文楷	太湖(今安徽太湖)
	嘉庆四年(1799 年)己未	姚文田	归安(今浙江吴兴)
	嘉庆六年(1801 年)辛酉	顾皋	金匮(今江苏无锡)
	嘉庆七年(1802 年)壬戌	吴廷琛	元和(今江苏苏州)
	嘉庆十年(1805 年)乙丑	彭浚	衡山(今湖南衡山)
	嘉庆十三年(1808 年)戊辰	吴信中	吴县(今江苏苏州)
	嘉庆十四年(1809 年)己巳	洪莹	歙县(今安徽歙县)
	嘉庆十六年(1811 年)辛未	蒋立镛	天门(今湖北天门)
	嘉庆十九年(1814 年)甲戌	龙汝言	桐城(今安徽桐城)
	嘉庆二十二年(1817 年)丁丑	吴其濬	固始(今河南固始)
	嘉庆二十四年(1819 年)乙卯	陈沆	蕲水(今湖北浠水)
	嘉庆二十五年(1820 年)庚辰	陈继昌	临桂(今广西临桂)
宣宗	道光二年(1822 年)壬午	戴兰芬	天长(今安徽天长)
	道光三年(1823 年)癸未	林召棠	吴川(今广东吴川)
	道光六年(1826 年)丙戌	朱昌颐	海盐(今浙江海盐)
	道光九年(1829 年)己丑	李振钧	太湖(今安徽太湖)
	道光十二年(1832 年)壬辰	吴钟骏	吴县(今江苏苏州)
	道光十三年(1833 年)癸巳	汪鸣相	彭泽(今江西彭泽)
	道光十五年(1835 年)乙未	刘绎	永丰(今江西永丰)
	道光十六年(1836 年)丙申	林鸿年	侯官(今福建福州)
	道光十八年(1838 年)戊戌	钮福保	乌程(今浙江吴兴)
	道光二十年(1840 年)庚子	李承霖	丹徒(今江苏镇江)
	道光二十一年(1841 年)辛丑	龙启瑞	临桂(今广西桂林)
	道光二十四年(1884 年)甲辰	孙毓桂	济宁(今山东济宁)
	道光二十五年(1845 年)乙巳	萧锦忠	茶陵(今湖南茶陵)
	道光二十七年(1847 年)丁未	张之万	南皮(今河北南皮)
	道光三十年(1850 年)庚戌	陆增祥	太仓(今江苏太仓)
文宗	咸丰二年(1852 年)壬子	章鋆	鄞县(今浙江宁波)
	咸丰三年(1853 年)癸丑	孙如仅	济宁(今山东济宁)
	咸丰六年(1856 年)丙辰	翁同龢	常熟(今江苏常熟)
	咸丰九年(1859 年)己未	孙家鼐	寿州(今安徽寿县)
	咸丰十年(1860 年)庚申	钟骏声	仁和(今浙江杭州)

朝名	科　　分	状元姓名	籍　　贯
穆宗	同治元年(1862年)壬戌	徐　郙	嘉定(今上海嘉定)
	同治二年(1863年)癸亥	翁曾源	常熟(今江苏常熟)
	同治四年(1865年)乙丑	崇　绮	满洲镶黄旗
	同治七年(1868年)戊辰	洪　钧	吴县(今江苏苏州)
	同治十年(1871年)辛未	梁耀枢	顺德(今广东顺德)
	同治十三年(1874年)甲戌	陆润庠	元和(今江苏苏州)
德宗	光绪二年(1876年)丙子	曹鸿勋	潍县(今山东潍坊)
	光绪三年(1877年)丁丑	王仁堪	闽县(今福建福州)
	光绪六年(1880年)庚辰	黄思永	江宁(今江苏南京)
	光绪九年(1883年)癸未	陈　冕	宛平(今北京)
	光绪十二年(1886年)丙戌	赵以炯	贵阳(今贵州贵阳)
	光绪十五年(1889年)己丑	张建勋	临桂(今广西临桂)
	光绪十六年(1890年)庚寅	吴　鲁	晋江(今福建泉州)
	光绪十八年(1892年)壬辰	刘福姚	临桂(今广西临桂)
	光绪二十年(1894年)甲午	张　謇	通州(今江苏南通)
	光绪二十一年(1895年)乙未	骆成骧	资州(今四川资中)
	光绪二十四年(1898年)戊戌	夏同龢	麻哈(今贵州麻江)
	光绪二十九年(1903年)癸卯	王寿彭	潍县(今山东潍坊)
	光绪三十年(1904年)甲辰	刘春霖	肃宁(今河北肃宁)

　　清代这些有幸游历魁台的宿学之士，籍贯分布在全国16个省区及系统之中，其密度极不平衡。其中，江苏人数最多，49名；浙江次之，20名；安徽居第三，9名。其余为：山东6名，直隶、广西各4名，八旗、江西、福建、湖北、广东各3名，湖南、贵州各2名，河南、陕西、四川各1名。而山西、甘肃、云南等省则无首选得主。

　　唐宋至明清状元籍贯的分布状况，是极有价值的人文地理资料。这种变化的形成，不是偶然的，它有着深刻的历史原因。我们知道，中国文化以汉文化为主体。它不是崛起于江浙一带，而是发祥于黄河中游和下游流域，自周秦以来，那里曾是人文荟萃、学风昌盛之地。即使在唐代，进士也多出自北方地区。不过时过境迁、斗转星移，明清时期的状元已是荟萃于江浙地区。这是中国经济文化重心南移以后带来的一种历史现象。

 ## 武科状元

由宋至清，武科究竟开试多少榜，有多少武进士、武状元，由于缺乏武科进士登科录及其他记载，目前难以作出准确的回答。张希清先生在《论宋代科举取士之多与冗官问题》一文（载《北京大学学报》1987年第 5 期）中曾对两宋武举考试情况作过考证。他根据多种史书统计出，北宋武举共开科考试 28 榜，有具体登科人数记载者为 15 榜、465 人。据此推算，当缺13 榜、403 人。这样，北宋武举举士共 868 人。南宋武举共 49 榜，有具体登科人数记载者为 28 榜、942人。据此推算，当缺 21 榜、706 人。这样，南宋武举当共举士 1648 人。两宋合计，武举共 77 榜，取士 2516人。如这一推算可信，则两宋武状元当为 77 人，比文状元 118 人少 41 人。总之，从宋代起，历代武进士、武状元由于缺乏官私史籍的记载，无法全面统计。今人车吉心、萧源锦等先生依据多种史料，对武状元进行了考索，笔者对清代状元也曾作了些查核。现据目前所知，历史上各主要封建王朝的武科状元人数见表 3－10。

表3-10　中国武科状元人数统计

朝代	已知榜数	已知武状元人数
宋	43	42
金	1	1
明	34	17
清	109	109
总　计	187	169

　　以上状元人数，都是根据有姓名可考者统计的。目前只有清代武状元的名录齐备。朱彭寿在《旧典备征》中对清代武鼎甲姓氏作了汇考，现据他的记载，清代武科状元的科分、姓氏、籍贯见表3-11。由此可以看出当时武科状元地域分布的一般状况。

表3-11　清代武状元表

朝名	科　分	状元姓名	籍　贯
顺治	顺治三年丙戌科(1646年)	郭士衡	山东章丘
	顺治六年己丑科(1649年)	金抱一	
	顺治九年壬辰科(1652年)	王玉璧	浙江仁和
	顺治十二年乙未科(1655年)	于国柱	
	顺治十五年戊戌科(1658年)	刘　炎	浙江山阴
	顺治十七年庚子补行己亥科(1660年)	林本直	江苏上元
	顺治十八年辛丑科(1661年)	霍维鼐	山东济宁
康熙	康熙三年甲辰科(1664年)	吴三畏	
	康熙六年丁未科(1667年)	秦蕃信	顺天宛平
	康熙九年庚戌科(1670年)	张英奇	直隶深州
	康熙十二年癸丑科(1673年)	郎天祚	浙江山阴
	康熙十五年丙辰科(1676年)	荀国梁	
	康熙十八年己未科(1697年)	罗　淇	浙江会稽
	康熙二十一年壬戌科(1682年)	王继先	
	康熙二十四年乙丑科(1685年)	徐宪武	直隶

朝名	科　　分	状元姓名	籍　　贯
康熙	康熙二十七年戊辰科(1688 年)	王应统	
	康熙三十年辛未科(1691 年)	张文焕	甘肃宁夏
	康熙三十三年甲戌科(1694 年)	曹日玮	京卫
	康熙三十六年丁丑科(1679 年)	缴煜章	京卫
	康熙三十九年庚辰科(1700 年)	马会伯	甘肃宁夏
	康熙四十二年癸未科(1703 年)	曹维城	
	康熙四十五年丙戌科(1706 年)	杨　谦	江苏仪征
	康熙四十八年己丑科(1709 年)	田　畯	直隶献县
	康熙五十一年壬辰科(1712 年)	李显光	
	康熙五十二年癸巳科(1713 年)	李如柏	甘肃宁夏
	康熙五十四年乙未科(1715 年)	赛　都	汉军正红
	康熙五十七年戊戌科(1718 年)	封荣九	
	康熙六十年辛丑科(1721 年)	林德镛	
雍正	雍正元年癸卯科(1723 年)	李　琰	
	雍正二年甲辰科(1724 年)	苗国琮	汉军镶白
	雍正五年丁未科(1727 年)	王元浩	山东胶州
	雍正八年庚戌科(1730 年)	齐大勇	直隶昌黎
	雍正十一年癸丑科(1733 年)	孙宗夏	陕西镇安
乾隆	乾隆元年丙辰科(1736 年)	马负书	汉军镶黄
	乾隆二年丁巳科(1737 年)	哈攀龙	直隶任丘
	乾隆四年己未科(1739 年)	朱秋魁	浙江金华
	乾隆七年壬戌科(1742 年)	贾廷诏	
	乾隆十年乙丑科(1745 年)	董　孟	汉军正黄
	乾隆十三年戊辰科(1748 年)	张兆璠	江苏泰兴
	乾隆十六年辛未科(1751 年)	张大经	山西凤台
	乾隆十七年壬申科(1752 年)	哈廷梁	直隶献县
	乾隆十九年甲戌科(1754 年)	顾　麟	
	乾隆二十二年丁丑科(1757 年)	李国梁	直隶丰润
	乾隆二十五年庚辰科(1760 年)	马　全	山西阳曲 壬申科时已取中探花,名马瑔,此科更名再中

朝名	科　分	状元姓名	籍　贯
乾隆	乾隆二十六年辛巳科(1761 年)	段飞龙	直隶永年
	乾隆二十八年癸未科(1763 年)	德　灏	满洲正黄旗
	乾隆三十一年丙戌科(1766 年)	白成龙	
	乾三十四年己丑科(1769 年)	钱治平	顺天霸州
	乾隆三十六年辛卯科(1771 年)	林大溁	浙江江山
	乾隆三十七年壬辰科(1772 年)	李威光	广东长乐
	乾隆四十年乙未科(1775 年)	王懋赏	山东福山
	乾隆四十三年戊戌科(1778 年)	邢敦行	直隶定州
	乾隆四十五年庚子科(1780 年)	黄　瑞	浙江江山
	乾隆四十六年辛丑科(1781 年)	刘　双	顺天大兴
	乾隆四十九年甲辰科(1784 年)	刘荣庆	江苏泰州
	乾隆五十二年丁未科(1787 年)	马兆瑞	山东临清
	乾隆五十四年己酉科(1789 年)	刘国庆	江苏泰州
	乾隆五十五年庚戌科(1790 年)	玉　福	汉军镶黄旗
	乾隆五十八年癸丑科(1793 年)	徐殿飚	山东掖县
	乾隆六十年乙卯科(1795 年)	邸飞虎	
嘉庆	嘉庆元年丙辰科(1796 年)	黄仁勇	广东海阳
	嘉庆四年己未科(1799 年)	李云龙	直隶阜城
	嘉庆六年辛酉科(1801 年)	姚大宁	广东南海
	嘉庆七年壬戌科(1802 年)	李白玉	直隶藁城
	嘉庆十年乙丑科(1805 年)	张联元	直隶献县
	嘉庆十三年戊辰科(1808 年)	徐华清	山东临淄
	嘉庆十四年己巳科(1809 年)	汪道诚	江西乐平
	嘉庆十六年辛未科(1811 年)	马殿甲	河南邓州
	嘉庆十九年甲戌科(1814 年)	丁殿宁	山东青州
	嘉庆二十二年丁丑科(1817 年)	武凤来	
	嘉庆二十四年己卯科(1819 年)	秦钟英	徐开业以传胪未到除名,以榜眼秦钟英推升状元。陕西神木人。
	嘉庆二十五年庚辰科(1820 年)	昌伊苏	满洲正黄旗

状元史话

朝名	科　分	状元姓名	籍　贯
道光	道光二年壬午科(1822 年)	张云亭	直隶清丰
	道光三年癸未科(1823 年)	张从龙	山西临县
	道光六年丙戌科(1826 年)	李相清	山西阳曲
	道光九年己丑科(1829 年)	吴　钺	山东蓬莱
	道光十二年壬辰科(1832 年)	李广金	山西灵邱
	道光十三年癸巳科(1833 年)	牛凤山	河南汜县
	道光十五年乙未科(1835 年)	波启善	满洲正红旗
	道光十六年丙申科(1836 年)	王　瑞	直隶安肃
	道光十八年戊戌科(1838 年)	郝光甲	直隶任丘
	道光二十年庚子科(1840 年)	赵云鹏	河南汝阳
	道光二十一年辛丑科(1841 年)	德　庆	汉军镶白旗
	道光二十四年甲辰科(1844 年)	张殿华	直隶枣强
	道光二十五年乙巳科(1845 年)	吴德新	直隶东明
	道光二十七年丁未科(1847 年)	李　信	直隶晋州
	道光三十年庚戌科(1850 年)	彭阳春	四川华阳
咸丰	咸丰二年壬子科(1852 年)	田在田	山东巨野
	咸丰三年癸丑科(1853 年)	温常溶	直隶天津
	咸丰六年丙辰科(1856 年)	王世清	直隶南和
	咸丰九年己未科(1859 年)	韩金甲	山东历城
	咸丰十年庚申科(1860 年)	马鸿图	直隶抚宁
同治	同治元年壬戌科(1862 年)	史天祥	直隶邯郸
	同治二年癸亥科(1863 年)	黄大元	直隶怀安
	同治四年乙丑科(1865 年)	张蜀锦	直隶广平
	同治七年戊辰科(1868 年)	陈桂芬	浙江天台
	同治十年辛未科(1871 年)	丁锦堂	福建上杭
	同治十三年甲戌科(1874 年)	张凤鸣	河南西平

朝名	科　　分	状元姓名	籍　　贯
光绪	光绪二年丙子科(1876 年)	宋鸿图	福建侯官
	光绪三年丁丑科(1877 年)	佟在棠	直隶天津
	光绪六年庚辰科(1880 年)	黄培松	福建龙泉
	光绪九年癸未科(1883 年)	杨廷弼	河南祥符
	光绪十二年丙戌科(1886 年)	宋占魁	山东昌邑
	光绪十五年己丑科(1889 年)	李梦说	山东阳谷
	光绪十六年庚寅科(1890 年)	张宪周	山东郓城
	光绪十八年壬辰科(1892 年)	卞　赓	江苏海州
	光绪二十年甲午科(1894 年)	张鸿翥	江西鄱阳
	光绪二十一年乙未科(1895 年)	武国栋	直隶天津
	光绪二十四年戊戌科(1899 年)	张三甲	直隶开州

　　朱彭寿的汇考也有失误之处，如他说乾隆二年丁
巳科哈攀龙是直隶任丘人。而据笔者考察，哈攀龙是
直隶肃宁人。

四 政绩德行与著述学识

　　状元为人们所艳羡、所敬仰，金榜题名，荣耀无比。但是并非每个状元在历史上都有一番显赫的业绩。清人钱泳在《履园丛话》卷十二"科第"中说："状元、会元、解元，虽三年内必有一人。然其名甚美，妇人女子皆所健羡。一隔数年，便茫然不复能记其名矣。须其人有功业、文章脍炙人口者，方能流传。即如三元，翁覃溪先生尝考过，自唐至今有十三人，所传者惟宋之王曾、明之商辂而已。"所以，有句俗话说："科名以人重，人不以科名重。"就是讲，科名由于获得了人才而显得重要，但每个人不一定由于有了功名必然就显要。不过，总的来说，历史上的状元中确有一部分人在政治、德行、著述、学识方面有较显著的业绩，跻身于名人行列，被载入传记史料之中。萧锦源统计过在历代正史中有传的状元人数，笔者也作了这方面的工作，情况见表4-1。

　　除了正史以外，各种官修私撰的人物传记中，有关状元传记的数量要更多些。如笔者统计了清代15种重要史籍，有半数以上清代状元的传记可以在这些史

66

籍中找到，说明这部分人当时在某方面确有一定的影响。

表 4 - 1　正史中有传的状元概况

朝代	状元总数	正史有传状元人数	有传者所占百分比
唐	147	19	12.9
五代	16	2	12.5
宋	118	56	47.5
辽	54	5	9.3
金	29	9	31.0
元	32	6	18.8
明	89	38	42.7
清	114	34	29.8

　　古时强调做人要立德、立功、立言，称之为三不朽。依照传统史学的惯例，凡能在正史入传的，大体三者必备其一。或因政绩突出，或因德行高尚，或因著述宏富，或因才艺卓越，总是有可传于后世者，才能著录。在正史中有传的状元，除了辽代的张孝杰、明代的周延儒被写入"奸臣传"以外，绝大多数都是在功、德、言方面有可取之处而入传的。加上各种官私史籍的记载，我们看到，从唐至清的千余年间，许多状元在政事德行、著述学识方面是有较突出表现的。

 唐宋时期

　　事迹显著的状元为数不少，限于本书篇幅，现概述其中 5 人，即唐代的孙伏伽、王维、柳公权，宋代的吕蒙正、文天祥。

（1）诚直敢谏的唐代第一科状元——孙伏伽。孙伏伽（？~658年），贝州武城（今河北清河）人。唐高祖武德五年（622年）首开进士科取士，孙伏伽为唐代第一科状元，也是我国历史上的第一个状元。

孙伏伽最先入仕隋朝，隋炀帝大业末年，任大理寺史，后补为京畿（今西安）万年县法曹，负责审理刑狱、督捕奸盗。隋亡后，李渊在长安称帝，孙伏伽便仕于唐朝，积极地为唐王朝的稳定献计献策。武德元年（618年）定鼎伊始，孙伏伽就具折上谏三事。其一（大意）："臣听说天子有诤臣，虽无道也不能失其天下；父有诤子，虽无道也不会陷于不义。故云，子不可不诤于父，臣不可不诤于君。隋后主为什么会失掉天下呢？那是因为他不愿听到自己的过失。当时不是没有直言之士，而是君主不接受劝谏，自己认为德盛于唐尧，功过于夏禹，穷奢极欲，以恣其心。天下之士，肝脑涂地，户口减耗，盗贼日增，君主所以察觉不到，都是由于朝臣不敢如实奏报的缘故。假若隋朝君主能广开言路，选贤任能，赏罚得当，人人乐业，谁能动摇他的统治呢？陛下起兵晋阳，天下响应，遂获大位。陛下切莫以为唐得天下容易，要知道隋失天下也是很容易的。陛下贵为天子，富有天下，一言一行都有史官记录下来。既然如此，怎么可以恣肆所为而不慎重呢？凡是狩猎，要依据农时，不能没有节制。听说陛下接受了别人贡送的猎鹰，此乃前朝弊风，少年玩耍之事务，陛下岂可如此呢？又听说相国参军卢牟子献给陛下琵琶，长安县丞张安道献给陛下弓箭，都频频受到赏赐。但普天之下，莫非王土；率土之滨，莫非王臣。陛下想得到的，什么得不到！陛下所少的，难道是这类玩物吗？"其二（大意）："百戏散乐本非正声，隋朝末年大见崇用，这是淫风，不可不改。最近，太常官司向民间借妇女裙襦五百余具，以充散妓使用的服装，说是准备五月五日在玄武门演出。臣以为，这是不足后代效法的，散妓决不是功成之乐，请废之。"其三（大意）："臣听说性相近而习相远。皇太子及诸王等左右的群僚，不可不严格选择再任用。凡是不义无赖之徒，喜欢狩猎、歌舞、沉迷声色之人，决不可选用。历史上许多子孙不孝、兄弟离间之事，都是身边的人教唆而成的。望陛下选任贤明，作为皇太子及诸王的僚属。"

高祖亲览孙伏伽的奏折后大悦，下诏书说："万年县法曹孙伏伽，至诚慷慨，词义恳切，指陈得失，无所回避……伏伽既怀谅直，宜处宪司，可治书侍御史。仍颁示远近，知朕意焉。"同时赐帛 300 匹。当时军国多事，赋敛繁重，伏伽屡奏请改革，李渊均一一采纳。

唐朝建立后，李渊曾命秦王李世民麾兵东进，鏖战数月，打败了黄河南北的王世充和窦建德。李渊闻捷大喜，颁诏大赦天下。但诏下后不久，又命令严惩王世充、窦建德部下，要把他们流放到边远地区。伏伽闻悉，上表进谏说（大意）："王者无戏言，这是自古的格言。陛下已下令将这些人赦免，现在又要将他们流放。过去天下未平，威权须应机而作。如今四方既定，制定的法律需人人遵守。所谓法律，由陛下制定，陛下也应当遵守，这样才能使天下百姓相信而且畏服。自己不讲信誉，而让天下人讲信誉，这可能吗？实行赏罚，不能论贵贱。圣人制定法规，不能论亲疏。对王世充、窦建德部下已赦免了的，不应再处以流放之罪，则天下幸甚。"这次，高祖李渊又采纳了他的意见。他又上表请置谏官，获准。

到武德五年，孙伏伽已是颇受器重的官员了。但他一直以未有功名为憾，这一年唐朝政府举行首次科举考试，他参加了进士科的角逐，在30余名应试者中，一举夺魁，成为迄今可查考出的我国历史上的第一个状元。

唐太宗即位，赐孙伏伽男爵，食邑乐安（今山东广饶）。贞观元年（627年）又提升他为大理寺少卿。李世民喜爱骑马射箭，孙伏伽上疏："臣听说天下之主，不可履险乘危。天子居住的地方，禁卫九重；天子若要行动，则出警入跸。这并不是为了显示皇帝的威风，而是为社稷生灵之大计。陛下跑马射箭，是极危险的事，陛下虽欲自轻，其奈天下社稷何！臣窃以为不可。"李世民读了他的奏疏，非常高兴。

贞观五年，孙伏伽审理某一案件失误，被罢免官职。不久，李世民重新起用他为刑部郎中，继而再度出任大理寺少卿，又调任民部副长官——侍郎。贞观十四年，孙伏伽升为大理寺的长官——寺卿，后又出任陕州刺史。

李治帝永徽五年（654年），孙伏伽因年老辞官。显庆三年（658年），孙伏伽去世。他诚直敢谏的风范，对后来有很大影响。

（2）中唐田园诗派的代表——王维。王维（701～761年），字摩诘，太原祁县（今山西祁县）人。唐玄宗开元十九年（731年）辛未科状元。

王维的父亲王处廉，官至汾州（今山西汾阳）司马，把家从祁县迁到蒲州（今山西永济），并定居该地。王维是长子，下面还有四个弟弟和一个妹妹。其中大弟弟王缙在唐代宗时任过宰相。二弟、三弟也曾出仕为官。

王处廉早丧，遗下的子女全由其妻崔氏抚养成人。崔氏是个虔诚的佛教徒，师事大照禅师30余年，褐衣蔬食，持戒安禅。王维兄弟也深受佛教的熏陶，从小信佛，以素食为主，不食荤腥。佛教中有位有名的菩萨，叫维摩诘。王维名"维"，字"摩诘"，合起来便是这位菩萨的名字。王维后来的生活习惯、对世事的看法，也颇受佛教的影响。

王维的母亲虽是虔诚的佛教徒，却未放弃对子女学业上的培养，在她严格的督促下，王维、王缙兄弟几人文才出众。王维聪明伶俐，多才多艺，擅长音乐，弹得一手好琵琶；草书、隶书也很洒脱超逸；绘画技法出众，自成一家；他描写田园景物的诗篇，更是驰名天下。后来官游京都之时，王维以山水诗冠绝海内。王缙则以书法名噪一时。当时人们称他们兄弟二人是："朝廷左相笔，天下右丞诗。"

开元三年（715年），15岁的王维来到长安，凭借自己卓越的才华，出入于豪门权贵府邸，与那些王公

驸马、豪门贵胄交往密切，特别是与唐玄宗李隆基的
几位兄弟有莫逆之交。唐时的科举取士，试卷尚不弥
封，士子中式，往往在社会 要先有了些文名，在考进
士科的时候，更须有一二位有权势的人推荐。王维后
来科场高中，与上述人的推荐也有一定关系。不过王
维虽出入王公府邸，却并不一味恭维迎合，有时还以
诗文讽谏。宁王李宪 骄奢无度，有次竟霸占了一个饼
师的妻子，倍加宠爱。后来宁王问该女子想饼师不想，
她默不作声。宁王把饼师传来，她见了不禁泪流满面。
宁王让门客赋诗吟咏此事，王维先成一首，云：

> 莫以今时宠，能忘旧日恩。
>
> 看花满眼泪，不共楚王言。

此诗名《息夫人》，王维借春秋时楚文王灭息，夺息夫
人为妻一事，借以讽喻宁王对饼师之妻的霸占。此诗
一出，举座震惊。宁王很敬重王维，所以不仅未发怒，
反而当即把饼师之妻还给了饼师。

开元九年，王维参加 了省试，高中进士科第一名。
曲江筵宴，雁塔题名，极尽了荣华。这时他 21 岁。

王维中进士后，被授予太乐丞之职，官八品，协
助太乐令掌管伎乐，遇有祭祀礼庆大典时，主持奏乐。
不过由于官场经验不足，任太乐丞后不久便出了事。
他辖下的伶人受人指使，表演了黄狮子舞，而此舞只
能供皇帝欣赏。此事一出，王维被贬出京，坐谪济州
司仓参军。这是济州（今山东茌平西南）的一个主管

仓廪、庖厨等事的属吏。王维仕途受挫，愤愤不已，作《被出济州》诗云：

> 微官易得罪，谪去济川阴。
>
> 执政方持法，明君无此心。
>
> 闾阎河润上，井邑海云深。
>
> 纵有归来日，多愁年鬓侵。

在被贬济州期间，约 30 岁那年，他妻子不幸亡故。王维从此终身独处，30 年孤居一室，屏绝尘累。

开元二十一年（733 年）张九龄拜相，次年五月又加中书令，执掌朝政。张九龄是开元时期的名相，忠诚刚直，以直言极谏著称，政治主张也较开明。王维怀才不遇，向张九龄献诗请求提携。张九龄一直很器重王维，得诗后便延聘他入朝，任右拾遗。这是中书令下的谏官，官品虽不高，但属皇帝的近臣。次年，王维又献一首诗给张九龄：

> 宁栖野树林，宁饮涧水流。
>
> 不用坐梁肉，崎岖见王侯。
>
> 鄙哉匹夫节，布褐将白头。
>
> 任智诚则短，守任固其优。
>
> 侧闻大君子，安问党与雠。
>
> 所不卖公器，动为苍生谋。
>
> 贱子跪自陈，可为帐下不？
>
> 感激有公议，曲私非所求。

诗中表明了自己的气节，认为若不得其人，宁肯尽匹夫之节，布褐到白头。如今张大君子不论私交，一举一动都是为天下百姓，所以愿意到他帐下效力，这决不是为了一己之私。

张九龄的开明政治受到了奸臣李林甫等人的攻击，两年后即被罢相，又被贬出京师。王维对未来悲观失望，产生了归隐的念头。不过他仍在朝中做官，且有所升迁。先是升为监察御史，掌考察百僚、巡按州县之事。后又任左补阙、库部员外郎、库部郎中，到天宝末年还担任了吏部郎中、给事中等职。

开元二十五年秋，王维奉命赴河西（今甘肃武威）节度使处任监督御史兼节度制官。壮丽的塞外风光，使他无限陶醉，吟出了粗犷豪放的《使至塞上》，诗云：

> 单车欲问边，属国过居延。
> 征蓬出汉塞，归雁入胡天。
> 大漠孤烟直，长河落日圆。
> 萧关逢候骑，都护在燕然。

王维受命在凉州呆了两年多，开元二十八年，又被派往襄阳（今属湖北）主持"南选"的考试——铨选黔中、岭南、闽中一带的郡县官员。一次在汉水之滨饮宴时，他作《汉江临眺》一诗：

> 楚塞三湘接，荆门九派通。
> 江流天地外，山色有无中。

郡邑浮前浦，波澜动远空。

襄阳好风日，留醉与山翁。

从襄阳回京后，王维的生活开始了一个半隐居的时期。奸相李林甫当权，王维耻与其为伍。他身在朝廷，心在山野。他在长安附近的蓝田辋川置办一处房产，此处四周环山，辋川河由此发源，山清水秀，景色迷人。他在这时守母丧，并和诗友应酬往来，他的《辋川集》中的诗作，显得十分恬淡、清新，给人一种超世脱俗的感受。如《渭川田家》云：“斜光照墟落，穷巷牛羊归。野老念牧童，倚伏候荆扉。”描绘出了夕阳西下时一幅农家生活的情景。《竹里馆》诗云：“独坐幽篁里，弹琴复长啸。深林人不知，明月来相照。”生动描写出诗人隐居山林的飘逸情怀。

天宝十四年（755年）爆发了“安史之乱”。次年正月，安禄山在洛阳称帝。6月，长安失守，玄宗皇帝仓皇出逃四川，朝廷的文武百官未及跟随，多为叛军所虏。王维也成了阶下囚，自己吃了泻药，伪称瘖疾。安禄山素知他的名声，便把他迎到洛阳，拘押在普施寺内。有一次，安禄山大宴将士于凝碧宫，乐工都是唐朝梨园子弟，他们看到了玄宗的御宝等物，潸然泪下，工商错乱，难成章曲。著名乐师雷海青更是满腔怒火，把手中的乐器摔得粉碎。叛军把雷海青绑起来，活活肢解。王维为此悲愤不已，吟七绝一首：

万户伤心生野烟，百官何日再朝天。

秋槐落叶深宫里，凝碧池头奏管弦。

　　唐军收复长安、洛阳以后，唐肃宗即位。凡做过伪官的要分别定罪，王维的那首诗，皇帝早有所闻，很是嘉许。这时王维的弟弟王缙由于参加平叛有功，升为刑部侍郎，他愿削己官以赎兄罪。肃宗也很器重王缙，因此便赦免了王维。

　　乾元元年（758 年），王维重新被起用为太子中允。后又迁中书舍人、给事中等官，直至尚书右丞，这是尚书仆射的佐官，负责兵、刑、工三部事务。但王维这时对政治已心灰意冷，每日退朝后就在长安的官邸诵读佛经，辋川别墅也很少去。而后于上元二年（761 年）病逝。

　　王维的遗作由王缙编成《王右丞集》，集中收录了他 479 首清新文雅的诗作，还有大量的赋表、序赞、碑铭、祭文等。他的诗作对后世影响很大，成为山水田园诗的代表人物。唐代的诗歌创作，在我国的文学史上处于顶峰阶段，除了李白、杜甫两大杰出诗人以外，诗作的内容和风格，大体可分为描写边塞征战生活的边塞诗派和描写山水田园生活的山水田园诗派。王维存世的 400 多首诗作，除少数描写边塞生活的诗以外，多数是隐居辋川时写的描写山水景物及田园生活的诗作。读王维的诗歌，人们往往有身临其境的感觉，因为他能以鲜明简练的语言，将客观景物展现在读者面前。对自然景象细致的观察，对自然事物入微的刻画，是王维诗歌艺术的特点。

王维还是著名的书画家，他工草、隶，善山水画，其中以《辋川图》最负盛名。由于他，使得唐代着色山水画成为最有特色的画种之一，所以后人推崇他为绘画上的"南宗之祖"，认为"文人之画，自王右丞始"。由于他的诗与画能互相融合，成为一个整体，因此宋代文学家苏东坡说："味摩诘之诗，诗中有画；观摩诘之画，画中有诗。"

（3）中国书法史上的巨匠——柳公权。柳公权（778～865 年），字诚悬，京兆华原（今陕西耀县）人。唐宪宗元和三年（808 年）戊子科状元。历仕宪宗、穆宗、敬宗、文宗、武宗、宣宗数朝，官至太子少保。学识渊博，尤以书法重极一时，在中国书法发展史上占有重要地位。

柳公权的父亲柳子温曾任丹州（今陕西宜川）刺史。长子柳公绰，官至兵部尚书，授太子太保。次子柳公权，三子柳公谅。柳氏持家甚严，教子有方。柳公权自幼嗜学，12 岁能为辞赋，尤其酷爱书法。迄今他的故乡还流传着一个他学习书法的故事：柳公权小的时候，因为字写得差而经常受到训斥。于是他决心刻苦习字，经过一番努力，果然大有长进，在同龄伙伴中成为佼佼者。教师的夸奖，同窗的称赞，使他感到满足起来。有一天，柳公权和几个小伙伴在村口比赛书法，每人写篇大楷。这时，有一位卖豆腐的老头路过村口，便很有兴致地看孩子们练字。柳公权很得意地把自己的字给老头观赏，老头接过来一看，见写的是"会写飞凤家，敢在人前夸"。老头觉得这孩子太骄傲了，长此下去，难以成才，便说："我看这字写得并不好，不值得夸。这字像我担子里的豆腐一样，软塌塌的，没筋没骨，有形无体。"临走时，叫他到华原县城里去看看，说有人用脚趾握笔写字都比他写的好得多。柳公权听了老头的话，心里很不服，第二天便步行几十里，独自进城了。一进华原县城，果然见到一个缺臂老者，以卖字为生，白布幌子上写着"字画汤"3个字。那位老者右脚趾夹着一支大笔，左脚压住铺在地上的宣纸，挥洒自如，运笔如神，引来围观者的阵阵喝彩。柳公权这时才感到自己的书法水平还差得远，便上前去恳请卖字的老爷爷收他为徒。字画汤觉得自己难以为人师表，不肯收他。但老人写了4句话给他："写尽八缸水，砚染涝池黑；博取百家长，始得龙凤飞。"并且告诉说，只有长年坚持不懈，才能有所成就。柳公权回到家中，更加刻苦用功，发愤练字。在练字中，他很注重师法前人，但又不为前人所局限。他由练习王羲之的字体起步，又兼习欧阳询、颜真卿等人的书体，融会贯通，自成一体。

唐宪宗元和三年，柳公权参加礼部主持的进士科考试，中式者19人，柳公权高居榜首。按唐朝惯例，士人登第仅是具有了做官的资格，而能否授官，还有待吏部再考核。吏部考察的标准有4个方面：长相、言辞、书法、文理。柳公权顺利通过，被朝廷授予秘书省校书郎官职。柳公权的哥哥柳公绰，唐德宗贞元年间即入仕途，手下有位武官李听，元和十四年（819

年）出任夏绥银宥节度使（今陕西靖边），知道柳公权才学出众，便聘他为掌书记，职司文书事务。宪宗驾崩，穆宗李恒即位，柳公权入京奏事，穆宗召见柳公权。皇上早知柳公权在书法上的名气，而且亲自看过他在一座寺庙中的题诗，因此道："我于佛寺中见过卿的笔迹，思念你已经很久了。"当日拜柳公权为右拾遗，充翰林院侍读学士，成了皇帝的近臣，不久又迁右补阙、司封员外郎。

柳公权是一个正直的儒臣，官品不高，却敢于直谏。穆宗李恒即位后，只知享乐，政治荒疏。有一次，穆宗问柳公权怎样才能使书法尽善尽美。柳公权回禀道："用笔在心，心正则笔正。"穆宗改容，知道这是"笔谏"。

历穆宗、敬宗、文宗三朝，柳公权的官职没有什么变化。这时其兄柳公绰在太原，致书于宰相李宗闵说："家弟潜心于辞赋，先朝以侍书见用，颇类工祝之职，心实耻之，乞换一官任用。"朝廷迁柳公权为右司郎中，累换司封、兵部二郎中之职，又为弘文馆学士。

文宗很器重柳公权，下诏令他做侍书学士，又改中书舍人，充翰林院书诏学士，备皇帝顾问。文宗每在殿堂召对他，都是烛尽而话未完，又不再取烛，宫人就用蜡泪揉纸点上，继续交谈。柳公权还工于作诗，其诗流传下来的虽然不多，在当时却颇有名气。一次柳公权随驾游未央宫花苑，文宗对公权说："我有一件喜事，戍边士卒的军衣长期以来不能及时供给。可是今年二月春装就发放完毕了。"公权上前奉贺，并即刻奉命赋诗云：

> 去岁虽无战，今年未得归。
> 皇恩何以报，春日得春衣。

文宗对他敏捷的才思十分赞赏，说："你才走了三步路，一首佳作便脱口而出，以曹子建那样的大名，还需要走上七步的时间呢！"

又有一年夏天，文宗与学士们联句作诗，文宗先道："人皆苦炎热，我爱夏日长。"柳公权马上续诗道："薰风自南来，殿阁生微凉。"文宗很是欣赏，遂命柳公权将他的诗题写在殿壁上，字方圆五寸。文宗审视良久，叹道："钟（钟繇）、王（王羲之）复生，无以加也！"

柳公权为官正直，不盲目逢迎皇上所好，敢于直言诤谏，因此也常得罪皇帝。文宗有一次在便殿与6个翰林院学士商讨政事，语及汉文帝的恭俭，文宗举起他的衣袖说："我这衣服已洗过三次了。"学士纷纷赞咏皇上节俭的美德，唯柳公权不作声。众人散后，皇帝把他留下，问是何缘故，柳公权对道："人主治国，应当进贤良，退不肖，纳诤谏，明赏罚。穿几件洗过的衣服，乃小节而已。"柳公权的刚直不阿，使周围的人听了都股栗不已，但公权的正气不可夺。文宗对公权的忠直也有所感动，道："以你现在中书舍人的职务，去担任谏议大夫是有些委曲，你言事有诤臣风采，应当授你谏议大夫。"第二天，皇帝降旨，柳公权

80

任谏议大夫，学士的职务如故。

开成五年（840年）正月，文宗驾崩，武宗李炎继位，罢了柳公权学士承旨的官职，迁为右散骑常侍，这是中书省的一个无实权的官职。后来由宰相崔珙荐举，柳公权为集贤殿书院学士，负责撰辑文章，校理典籍。柳公权以学士身份掌书院职务。不久，加官金紫光禄大夫，再加柱国，为正二品，还被封为河东郡开国公，食邑二千户。后来又充国子监祭酒、工部尚书官职。唐懿宗咸通初年，改为太子少傅、太子少师。不久，便以此官退休。

中国的书法，自汉代开始成为一门专门的艺术，魏晋时发展到一个高峰，出现了"书坛二圣"王羲之、王献之父子。到了唐代，书法艺术发展到又一高峰。这时期的楷书、草书呈现出一种继往开来的局面，出现了欧阳询、褚遂良、颜真卿、柳公权等书法大师。他们在书坛上的成就，不仅名闻当时，而且深深影响到后代。至今人们如提书法艺术，必提颜、柳二人。

柳公权初学二王书法，后来又遍习唐代名家笔法。他的书法结构严谨，体势劲媚。在用笔上，他力求表现出一种内在力量，认为行笔时应如锥如凿，入木三分，要力透纸背，因此自成一家，被人称为"柳体"，历来有"颜筋柳骨"的美誉。他对我国书法艺术的发展，作出了重要贡献。其书法中如《玄秘塔碑》、《神策军碑》都是对后世书法影响极大的名作。

柳公权的书法在当时就出类拔萃，公卿大臣去世后，其碑版如不能求得柳公权书写者，人们便认为其后人不孝。周边藩国入贡，都要专门带一笔钱财，说是专门求购柳公权的书法作品的。

柳公权志耽学书，却不能治生。他为勋戚之家书写碑版，每岁收入巨万，多被家人海鸥、龙安所窃。他曾将一些金银器皿藏入箱中，过了一段时间以后，东西不翼而飞，当他询问仆人时，得到的回答是："不知道哪里去了。"柳公权只得冷笑道："看来银杯都羽化了。"柳公权所珍爱的，唯笔砚图书而已，这些东西都由他自己收藏。他学识渊博，尤精《左传》、《国语》、《尚书》、《毛诗》、《庄子》，每释一义，必广征博引，写上数纸。

咸通六年（865 年），一代书法巨匠柳公权去世，享年 88 岁。

（4）以正道自恃的宋代名相——吕蒙正。吕蒙正（944～1011 年），字圣功，河南（今河南洛阳）人，生于后晋开运元年，宋太平兴国二年（977 年）科举考试得中，为进士第一。仕太宗、真宗两朝，三度为相，是有宋一代的名臣。

吕蒙正出身于官宦之家，祖父吕梦奇曾任户部侍郎，父吕龟图任起居郎。但是，吕蒙正在青少年时代却过着极清贫的生活。父亲吕龟图多宠姜，与妻子刘氏不睦，一怒之下，把刘氏及其所生之子吕蒙正逐出家门。刘氏誓不复嫁，带着幼子四处流落，最后到了洛阳南龙门山下一所名为"利涉院"的寺庙内。寺中主持见吕蒙正英俊不凡，便依山开凿了个石窟洞，让他们母子居住，一住就是 9 年。刘氏母子身无分文，衣食皆靠寺僧周济，生活极度穷困潦倒。有一天，吕蒙正在伊水河边行走，口干难忍。这时树荫下正有一卖瓜者，但他身无分文，无可奈何。一会儿，卖瓜者走了，遗掉在地上一个瓜，他顾不了许多，捡起来便吃。食毕，自己不禁悲伤地哭了。这件事，吕蒙正一直牢记未忘。他后来做了官，特地在伊水边买块园田，筑亭取名"镱瓜亭"，就为怀念此事。元代著名杂剧家关汉卿和戏剧家王实甫分别写过《吕蒙正风雪破窑记》，都是以吕蒙正青年时代贫寒生活为素材写成的戏曲。

刘夫人训子极严，吕蒙正虽身处贫境，仍不忘苦读，学业大有长进。太平兴国元年（976年），吕蒙正参加河南的"取解试"，考中。是年冬，又与各地举子会集于京师开封，准备参加来年礼部的省试。

次年春，经礼部试，又经宋太宗御殿复试，录取进士109人，吕蒙正高居榜首，成为丁丑科的状元。这一年，吕蒙正年方31岁。

吕蒙正中状元后，被授予将作监丞，这是皇室掌祠祀供品的佐官。不久派任昇州（今江苏南京）通判。通判的官位仅次于知州，有连署公事和监察官吏的职权。临行时，吕蒙正去叩谢太宗，太宗降旨给他：民事有不便者，许快马奏报朝廷。并赐钱二十万，这在当时算是殊荣了。太平兴国四年，宋太宗北征太原，当时北汉政权建都在那里。在御驾亲征途中，吕蒙正奉命北上面见圣上。太宗授其为著作郎，值史馆，加左拾遗。五年，又拜吕蒙正为左补阙，侍从讽谏，同时加知制诰官衔，负责起草御旨诏令。

吕蒙正是个孝子，他登进仕途以后，没有计较父亲以前的蛮横行为，陪着老母亲衣锦还乡。父亲答应接纳母亲回家居住，但只肯同堂异室。吕蒙正侍奉双亲，殷勤备至。不久，父亲吕龟图去世，蒙正居家守丧。太宗皇帝又下诏，要他除去丧服出仕，升为都官郎中，掌簿录官家与私人奴婢、俘虏囚徒等事。继而又入为翰林学士，备皇帝顾问。

太平兴国八年，皇帝擢蒙正为左谏议大夫和参知政事，并赐宅第。参知政事，是当时的副宰相，毗大政，参庶务，地位显要。这时他年仅 37 岁。太宗皇帝召见时训谕说："凡是士子未显贵时，见到世上有乖事理的事物，便怏怏于心，十分不平。等到做了官，可以贡献他们的见解了，应当尽示其所蕴藏的主张。虽然言未必尽中，亦当予以听取和择有益者加以实施，这样才有助于治理国家。朕决不以崇高自恃，使人不敢言。"蒙正牢牢记住了太宗的这番话，以后也确实照此去办了。他一直在正道自恃，直言敢谏，力求匡正时弊，治国安邦。

吕蒙正年轻为相，有一次上朝议政，有个资深的朝官看不起他，公开指着他问："此子也能参政议事吗？"说话的声音很大，吕蒙正装作没听见，走了过去。有个同列朝官打抱不平，诘问那人的姓名，蒙正遮止之说："若知道了他的姓名，怕一辈子不能忘，还是不知为好。"众人都十分佩服他的度量。

端拱元年（988 年）宋太宗罢宰相李昉之职，拜吕蒙正为中书侍郎兼户部尚书、平章事，监修国史。宋初，同平章事即为宰相，无常员，有时2人，有时3人。吕蒙正质厚宽简，有众望，特别是遇事敢言，每论时政皇上未允者蒙正必一再力争，上嘉其正直无隐。与蒙正同居相位的，还有开国元勋赵普。他是宋太祖的得力辅臣，吕蒙正拜相时，他已67岁。蒙正与他历官一纪，同登相位，二人相处得很好，赵普甚是推许他。

朝廷里有些大臣只顾谋取一家之私，把合理的祖制也破坏了。卢多逊为相时，其子卢雍起家入仕便被荫封为水部员外郎。这种做法，以后沿为常例。吕蒙正认为，这不但否定了祖订的法规，而且过于迁就达官显贵的私利，于是上疏奏道："臣于甲科及第，中进士释褐时只授九品京官。天下才士，老于岩穴，寸禄未得者比比皆是。今臣男儿刚离襁褓，便膺此殊荣，实不敢当。乞授给他臣初仕时所得之官。"诏准。从此以后，宰相之子例授九品京官。吕蒙正为官严于律己。有个朝官藏有古镜，自言能照200里，欲献给吕蒙正，以求进。吕蒙正笑着说："我的脸不过碟子大，安用照二百里哉！"听说了这事的人，无不佩服他的为人。他少时孤贫，及做了宰相，富贵荣华，接踵而来，对饮食也日益考究，尤喜喝鸡舌汤。有一天傍晚，夕阳西下，他乘兴游花园，遥见墙角有个高阜，以为是座山，遂问左右："此山是谁所筑？"随人回答说："那不是山，是相公食鸡所弃鸡骨而成。"吕蒙正听了十分惊讶，忙问："我怎么会食这么多鸡？"随从说："鸡有一舌，相公一碗汤要用数十只鸡，天长日久，鸡骨自然堆得如山了。"吕蒙正顿时省悟，从此以后再也不食鸡舌汤了。

淳化二年（991年）发生件意外的事。谏官宋沆上疏言事，忤怒太宗。宋沆是吕蒙正夫人的本族人，因这事关系，吕蒙正也受牵连，九月，他被革除相位，贬为吏部尚书。太宗起用李昉、张齐贤为相。过了两年，即淳化四年，太宗复吕蒙正相位。蒙正入宫谢恩，太宗和他谈起征战的事来。皇上说："朕近来发兵征讨北方，乃是为民除暴。若是穷兵黩武，则天下生灵涂炭。"吕蒙正对曰："隋唐数十年间，四征高丽、突厥，人不堪命。隋炀帝全军陷没。唐太宗自运土木攻城，即使这样，也无功而返。所以治国之要，在内修政事，则远人来归，天下自然安静。"太宗称是。吕蒙正第二次拜相后，仍然处处以国事为重，从不阿谀奉承、讨好皇上。相反，仍敢于直言，反映民间疾苦。一天，太宗与群臣宴饮，吕蒙正旁侍。太宗对他说："五代之际，国家生灵凋丧，周太祖从邺（今河北临漳西南）南归，士庶之家均被洗劫一空。那时，下有迭起火灾，上有彗星尾扫，观者恐慌万分，都担心从此没有太平的日子可过了。而现在，朕亲自料理朝政，万事均理出个眉目；这除上天恩赐以外，治政还要靠人。所以才有今天这等繁荣昌盛的景象。"吕蒙正听后，却离席叩拜说："京师所在，士庶密集，四方辐辏，故繁盛如此。而臣亲见都城外不数里，因饥寒而死的贫民甚众，不都是像京城这样繁华。愿陛下既看近处也能看到远处，那就是苍生的万幸了。"说罢，侃然回到自己的座位。皇上听了，脸上显得十分不悦。在座的官员都叹服吕蒙正的刚直不阿。

至道初年，太宗又免了他的相位，让他以右仆射身份出判河南府，兼西京留守。他在洛阳任上，政尚清静，事委僚属，最后由他总裁而已。

宋真宗即位，进左仆射。咸平四年（1001 年）再为同平章事、昭文馆大学士。这样，自宋朝建立以来，一人三度为宰相者，只有赵普、吕蒙正 2 人。六年，授太子太师。

景德二年（1005 年）吕蒙正 59 岁，以年迈上书辞官，请准归洛阳。真宗诏准。他回到洛阳，整日与亲朋好友宴集，子孙环列，怡然自得。宋真宗去朝拜太宗陵墓、封禅泰山路过洛阳，曾两幸其宅第，赏赐有加。皇上问吕蒙正："爱卿诸子孰可用？"吕蒙正奏道："诸子皆不足用。有侄吕夷简，现任颍州（今安徽阜阳）推官，真乃宰相才也。"吕夷简从此受到真宗的重用。

吕蒙正 68 岁时谢世，赠中书令，谥"文穆"。

（5）浩气长存的南宋名臣——文天祥。文天祥（1236～1283 年），字履善，一字宋瑞，号文山。吉州庐陵（今江西吉安）人。宋理宗宝祐四年进士科第一，历仕南宋理宗、度宗、恭帝、端宗及帝昺几帝，以状元宰相在抗元战争中被俘，大义凛然，慷慨就义，留下了"人生自古谁无死，留取丹心照汗青"的名言。

文天祥的先辈，都未中过科举，也没有当过官。

文天祥的父亲文仪，字士表，在22岁时生了天祥，以后又生了二弟璧、三弟霆孙和四弟璋。天祥年轻时相貌出众，"体貌丰伟，美皙如玉，秀眉而长目，顾盼烨然。"（《宋史·文天祥传》）

文天祥的父亲为人忠厚，性格旷达，喜好交友和周济穷人。尤好治学，经常废寝忘食、通宵达旦地饱览群籍。在这样的家庭里，文天祥和他的弟弟们自幼受到了严格和良好的熏陶。文仪期望天祥兄弟将来能有所作为，建功立业，特地延聘了名师来教授功课。后来，家道中落，请不起老师，便自己亲自授课。文仪要求天祥兄弟白天学习新课，晚上在灯下默写背诵，直到记住领会为止。有时夜深了，考查还在进行，哪个孩子打瞌睡，文仪就疾言厉色地训斥。他要求文天祥写诗文必须有风骨，有正气。在这样的教育下，天祥兄弟的学业进步很快。

18岁那年，天祥到庐陵城参加全县学子的考试，获得了第一名。庐陵县学馆中祭祀着许多乡贤，当天祥看到本朝乡贤欧阳修、杨邦义、胡铨的遗像时，不禁心潮澎湃，肃然起敬，叹道："我身后如果不能和他们并列，便不是个大丈夫！"决心效法名人志士，置个人安危荣辱于度外，做出一番事业来。

20岁时，文天祥进入吉州白鹭书院，继续攻读。这所书院由江万里创办，山长（书院主持人）是淳祐元年进士欧阳守道，学问渊博，注重德行，强调经世致用，鄙夷高谈阔论。文天祥在白鹭书院的时间虽不到一年，但书院对他一生的影响却很大。

宋理宗宝祐三年（1255 年）文天祥和弟弟文璧一同中了吉州贡士，取得了参加进士科考试的资格。年底，文仪带着两个儿子去临安（今杭州）应试。宋制，府、州贡士进京会试，由礼部主持，录取后再参加殿试，由皇帝决定录取与否及名次。翌年开春，天祥兄弟参加了礼部的考试，二月初开榜，二人皆中。五月初八日，理宗在集英殿举行殿试，试题长达 580 余字，主要是问为什么天灾人祸不断、人才匮乏、士习浮华、国用殆尽、兵力衰弱、盗贼横行、边患严重，等等。考试前两天，文天祥突然生病，但考试那天仍强打精神进了考场，一看题目，顿觉精神倍增，答卷近一万言，"不为稿，一挥而成"。在殿试策中，文天祥阐述了自己的政治见解，议论激昂慷慨。"御试策"中要求士子的对策"勿激勿泛"，就是不要过于激烈，不要过于空泛。文天祥在对策中，大声疾呼道："臣等尝恨无由以至天子之庭，以吐其素所蓄积，幸见录于有司，得以借玉阶方寸之地，以正臣等披露肺肝之日也。方将明目张胆，謇謇谔谔，言天下事，陛下乃戒之以勿激勿泛，夫泛固不切矣，若夫激者，忠之所发也，陛下胡并与激者之言而厌之邪？厌激者之言，则是将胥臣等而为容容唯唯之归邪？"在对策中，文天祥敢于痛陈利害，犯上直言，表明他应试不只是为了取得功名，更希望皇帝能采纳他的主张，强国安民。

对策卷交上后，照例要把姓名、籍贯密封起来，以防考官评阅时徇情取舍。文天祥的试卷，原被定为第七名进士。理宗到集英殿亲定名次，把这份试卷擢为第一。当时主考官是著名大臣和学者王应麟，他读了文天祥的试卷后赞叹不已，上奏皇上道："古谊若龟镜，忠肝如铁石，臣敢为得人贺！"密封的试卷拆开后，看到了文天祥的名字，皇上高兴地说："此天之祥，宋之瑞也。"因理宗有此一语，朋友们又给文天祥取了个字：宋瑞。

宝祐四年是丙辰年，这年以文天祥为状元的进士榜共取 569 人。天祥的弟弟文璧这次落选。新科进士照例要参加各种庆贺仪式，在理宗皇帝亲临的"闻喜宴"上，文天祥呈谢恩诗一首：

> 于皇天子自乘龙，三十三年此道中。
> 悠远直参天地化，升平奚羡帝王功？
> 但坚圣志持常久，须使生民见泰通。
> 第一胪传新渥重，报恩惟有厉清忠。

可惜的是，放榜的第二天，天祥的父亲文仪忽然病倒了，4 天后，竟与世长辞！天祥兄弟极为悲痛，扶柩回籍。安葬父亲以后，天祥在家守制，服 3 年丧，然后才能出去做官。

理宗开庆元年（1259 年），文天祥陪弟弟文璧再赴京应试，文璧中了这科进士。此时，朝廷授予文天祥承事郎、签书宁海军（今浙江宁海）节度判官之职。就在这时，时局发生了突然变化。蒙古兵分三路向南宋发动了大规模的进攻。九月，忽必烈率蒙军主力渡江，进围鄂州（今湖北武昌），临安朝野震动。理宗罢奸相丁大全，起用贾似道为相。内侍董宋臣劝理宗迁都四明（今浙江宁波），但这样必然人心动摇，临安难保。滞留京师的文天祥挺身而出，写了《己未上皇帝书》，历数了董宋臣的罪状，"乞斩宋臣，以一人心"。奏疏呈上，未见消息。十二月，鄂州方面传来喜讯：蒙古军北撤。原来，蒙古的蒙哥大汗率一路军进攻四川，在合州城下战死。忽必烈急于回师争夺汗位，便与贾似道讲和，鄂州解围。

景定元年（1260年），文天祥改任签书镇南军（今江西南昌）节度判官厅公事，他不愿上任，请求"祠禄"，朝廷同意了，派他主管建昌军（今江西南城）的仙都观。祠禄名义上是主管某地宫观，实际上是领俸而不管事。文天祥要求做此类官，分明是对当时腐败有不满之心。第二年，有旨命他为秘书省正字，掌校正典籍，这是前科状元例行担任的职务，文天祥只有就职。这是他真正开始担任官职，不过，他的仕途十分坎坷。

文天祥任秘书省正字近两年，曾被逐出临安的董宋臣又被召回，并委以重任。文天祥气愤之极，再次上书理宗历数董宋臣之罪，希望皇帝不要宠信宦官。理宗不悦，命其出守瑞州（今江西高安县），不到一年又召回。

未几，理宗病逝。贾似道拥立太子赵禥即位，也就是宋度宗，改元咸淳。朝廷任文天祥为江西提刑，主管司法、刑狱、监察，兼司农桑。就职不久，有个叫黄万石的御史便奏劾他不称职，办事不力，更有一些平日对他不满的人捏造罪名，说他不守家法礼制，蓄意破坏他的名誉。度宗不问青红皂白，下诏罢文天祥的官。文天祥深感官场的黑暗，心灰意冷，虽然只有 30 岁，但已绝意仕途，想退隐山林了。

咸淳二年（1266 年），朝廷又起用他为尚书左司郎官，上任仅月余，又被御史弹劾去任。不久，朝廷又欲命他为福建提刑，未上任便受到攻击，朝廷收回了成命。

咸淳五年，江万里出任左丞相。江万里是白鹭书院的创始人，他很器重曾在那里肄业的文天祥。四月，命天祥为宁国府（今安徽宣城）知府。不久奉调入朝，改为军器监，掌缮治兵器，兼崇政殿说书、学士院权直、玉牒所检讨官等职。因又得罪了权相贾似道，受到弹劾，免除了全部职务。这回，文天祥决心退隐，他在庐陵的文山建筑山庄，想沐浴清泉，过悠闲自在的生活。咸淳九年，朝廷又命他为湖南提刑。这时江万里任湖南安抚大使，知潭州（今湖南长沙），文天祥到潭州拜望他，两人尽情地互倾胸臆。万里一向赞赏文天祥的志节，当谈及国事时，感慨地说："吾老矣，观天时人事当有变，吾阅人多矣，世道之贵，其在君乎？"在江万里看来，只有文天祥这样的志士仁人，才能担当挽救国难的重任。做湖南提刑不满一年，文天祥以服侍年老的祖母和母亲为由，请求调回江西本籍，朝廷命他改知赣州。不久，时局骤变，文天祥开始了勤王御敌的戎马生涯。

咸淳十年七月，度宗病死。贾似道拥立 4 岁的赵㬎即位,即宋恭帝。九月,元军由丞相伯颜统领20万人,分兵两路南下。十二月,元军突破长江天险,攻占鄂州,南宋江山岌岌可危。太皇太后下了《哀痛诏》,以勋爵名位号召各地官民起兵勤王。诏下以后,只有文天祥、张世杰两人响应。文天祥性豪华,平日自奉甚厚,声伎满前。到此时,痛自贬损,尽以家赀为军费,并常说:"乐人之乐者忧人之忧,食人之食者死人之事。"他招兵买马,很快地组成了一支2000余人的义军,开到吉州,但太皇太后诏令他留屯隆兴府(今江西南昌)。原来,朝中有人污称文天祥的义军是乌合之众,要阻止他入京。不久,常州告急,对平江(今苏州)威胁越来越大,朝廷又命文天祥率军前往抵抗。文天祥刚到平江,朝廷又错调他移守独松关。结果,平江、独松关均失守,文天祥只有退回到临安。太皇太后任命文天祥签书枢密院事,又任临安知府。文天祥建议把三宫(太皇太后、皇帝、皇后)南迁,以作长远打算,未被采纳。

德祐二年(1276年)正月,伯颜到达皋亭山,距临安只有30里了。朝廷决定献上国玺和降表,伯颜表示愿意接受,并指命右丞相陈宜中来营接洽。当夜,陈宜中畏难逃走,太皇太后便命文天祥为右丞相兼枢密使,收拾残局。文天祥和吴坚等人进了元营,想借此探听一下虚实,以便拖延时间,待机再战。因此,他一口回绝了投降一事,并要元军撤到平江或嘉兴,然后再举行会谈。伯颜大怒,把文天祥扣下,让降将程鹏飞和吴坚等人回临安,要太皇太后正式投降。吴坚等人回到临安城中，从太皇太后到各大臣，均认为除去投降，别无他路。第二天，便让吴坚等把降表呈给了伯颜。文天祥知道后，怒不可遏，把使臣和降元宋将痛斥一番。在伯颜的安排下，景炎元年（1276年）二月，宋廷的"祈请使"前往大都，向元帝忽必烈祈降。元军逼押文天祥一起北上。

船只沿着江南运河到了镇江，文天祥决计从这儿逃走。在当地官吏百姓的帮助下，文天祥一行12人冒险渡江，来到真州城下。真州守将安抚使苗再城开始还热情迎接文天祥一行，后来他中了元军的反间计，说文天祥是被蒙军派回，赚真州城的。因此趁文天祥外出巡视时，将他关在城门之外，不再接纳。文天祥无奈，只有继续颠沛流离，到了江苏通州，又从通州乘海船赴浙江，赶到温州。原来听说，宋室益王赵昰、广王赵昺在温州建立了大元帅府。文天祥到后，二王已将大元帅府迁至福州。不久，益王赵昰在众臣劝进之下，即皇帝位，是为端宗。文天祥原打算在温州重举义旗，收复失地，由于操权的左丞相陈宜中等人作梗，未能实现。文天祥到了福州，端宗授他为枢密使、同都督诸路军马。七月，文天祥到了剑州（今福建南平）建立督府，号召四方起兵，各地纷纷响应。

景炎二年五月，文天祥麾军自福建进入江西，在雩都大败元军主力，收复一些州县。元廷震恐，派李恒为元帅，率精兵赴江西增援。义军虽然英勇，但缺乏作战经验，不是元军的对手。文天祥率部撤到庐陵方石岭，老将巩信带几十人断后，据险抵抗元军，掩护主力撤退，后来全部英勇牺牲。文天祥部到了空坑，人困马乏，元军又追近。他部下有个参军赵时赏，是宋朝宗室，这时坐着一顶轿子，被元军追上，元军喝问是谁，赵时赏道："姓文。"元军以为捉到了文天祥，押着去见主帅，文天祥才得以脱险。他的家属一直随军行动，空坑一仗，除长子道生外，妻欧阳夫人，次子、女儿皆被元军俘获。

次年四月，端宗病死，群臣拥立8岁的赵昺为帝，改元祥兴。陈宜中这时已逃走，张世杰、陆秀夫执政。六月，赵昺政权迁至厓山（今广东新会南），文天祥也于十一月移屯广东潮阳。

元军在主帅张弘范指挥下，水陆两路进攻广东。十二月中，文天祥率部撤出潮阳，二十日到了海丰北面的五坡岭，正安营做饭，有个降元的惯匪陈懿引元军突然袭来，天文祥和幕僚们措手不及，一同被擒。他吞下了藏在身边的二两"脑子"（冰片），决心殉国，可是药物失效，只是腹泻头昏而已。

宋帝昺祥兴二年正月，张弘范自潮阳押着文天祥由海道到厓山，准备彻底消灭南宋皇室势力。船过珠江口外零丁洋，文天祥心潮澎湃，挥毫写下了《过零丁洋》一诗：

> 辛苦遭逢起一经，干戈寥落四周星。
>
> 山河破碎风飘絮，身世浮沉雨打萍。
>
> 惶恐滩头说惶恐，零丁洋里叹零丁。
>
> 人生自古谁无死？留取丹心照汗青！

元军抵厓山附近，张弘范要文天祥写信招降张世杰。文天祥大义凛然曰："我自己救不得父母，岂能劝别人背叛父母？"他抄了《过零丁洋》诗，算是答复。张弘范无奈，笑而置之。二月初六日元军向厓山进攻，经一天恶战，宋军溃败，陆秀夫背着 9 岁的小皇帝赵昺，跳入大海，壮烈殉国。张世杰率部突围，不久也被飓风吞没。至此，宋朝灭亡。

四月，文天祥被押解北上，路上他曾自杀过，未成。十月，到达燕京（今北京），被囚禁在"会同馆"。元朝统治者对文天祥非常礼遇，待为上宾，不断派人劝降，宰相阿合马也出面诱说。但文天祥始终不为所动，他在狱中被关了 3 年，敌人长期折磨他，他意志更坚。在狱中，文天祥写了许多诗篇，整理成为《指南录》及《指南后录》，又集 200 首《集杜诗》。一时来狱求诗者不绝，千手传抄，传遍中原。他在狱中写成的五言六十行长诗《正气歌》，歌颂了历代忠臣义士的崇高气节和牺牲精神，表示了自己视死如归的英雄气概。

最后，元世祖忽必烈决定亲自会见文天祥。文天祥被押入皇宫，见了忽必烈，只是作了个揖，不肯下拜。忽必烈对他说："你在这里日子久了，如能改初衷，做大元朝的忠臣，中书省有你一坐处。"并问文天祥有何愿望。文天祥对曰："天祥受宋恩，为宰相，安事二姓？愿赐之一死足矣！"

至元十九年（1282 年）十二月初九日，文天祥就义，当时他对旁边的吏卒说："吾事毕矣！"后向南叩拜而死，时年 47 岁。

文天祥就义后，遗体由十几名义士埋葬。人们从他的衣带中找到他生前写下的《绝笔自赞》："孔曰成仁，孟曰取义，惟其义尽，所以仁至。读圣贤书，所学何事，而今而后，庶几无愧。"第二年，他的灵柩被运回家乡庐陵安葬。

文天祥出身状元，官至宰相，兵败被执，深明大义，视死如归，故《宋史·文天祥传》论曰："宋三百余年，取士之科，莫盛于进士，进士莫盛于抡魁。自天祥死，世之好为高论者，谓科目不足以得伟人，岂其然乎！"这段话，也是对古代科举制度的一个评价。

明清时期

明清定制，殿试传胪以后，一甲一名进士例授翰林院修撰之职，官居六品，这是每个状元都可获得的殊荣，也是他们夺魁后仕历的起点。此后，他们普遍地能在翰林院内升迁，如充詹事府左右春坊中允、翰林院侍读、侍讲，詹事府左右春坊庶子、詹事府少詹事及其他四五品官职。并可充任乡试、会试考官与各省学政等职务，时称荣选。有少数能升至一二三品大员，如内阁大学士、协办大学士，各部院尚书、侍郎，内阁学士、翰林院掌院学士等，这些人更被称道和羡慕。明代 89 名状元中，官至大学士入阁辅政或非大学士而入阁辅政的，前后有 17 人；官至三品以上的有 41 人；官至四五品的有 22 人。清代 114 名状元中，官至内阁大学士的，前后有 14 人。从雍正年间起清廷设军机处，先后充任军机大臣的有 7 人，任地方总督及巡抚的有 9 人。明清状元中，有不少人在官纂图书、私人著述、书法绘画、诗词造诣方面有较突出的成就。这里较详细地介绍明代的商辂、杨慎，清代的徐元文、翁同龢、张謇等人。

（1）明代唯一的三元——商辂。商辂（1414～1486 年），字弘载，号素庵，浙江淳安人。在我国历史上，连中"三元"者，屈指可数，不过十余人。明代 300 年间，连中三元者仅商辂一人。他是英宗、宪宗、孝宗时期的朝廷命臣，为人宽厚有余，不记人小过，更不枉杀一人。但每遇重大问题，则自有主见，刚毅不可夺，为后世所称道。

商辂生于明永乐十二年（1414 年）。父亲仲宣为严州（今浙江建德县）府吏。商辂自幼聪颖，受到良好教育，饱读儒家经典，遍览史籍，是同辈中的佼佼者。宣德十年（1435 年）商辂参加乡试，一举夺魁，成为解元，时年 21 岁。正统九年（1444 年）参加会试，夺得第一。次年又参加殿试，独占鳌头，以"三元"及第。

明制，进士第一例授翰林院修撰之职。商辂任此职不久，又与刘俨等 10 人进学东阁，英宗亲选他作展书官。

正统十四年，蒙古瓦剌部也先率军南下，英宗朱祁镇不顾文武大臣的劝阻，在司礼秉笔太监王振挟持下亲征，结果在土木堡大败，八月十五日被俘。消息传入京师，举朝震惊。皇太后敕谕郕王朱祁钰监国，总理朝政。朱祁钰是朱祁镇的异母弟，时年22岁。由于边防危急，朝廷出现两派意见，一派主张迁都南京，一派主张固守北京，坚决抵抗瓦剌部的入侵。商辂这时已参与内阁机务，积极拥护后一种意见。在于谦、商辂等人组织下，京师城防大大加强。于谦升为兵部尚书，专司守城。同年九月，皇太后懿旨，郕王朱祁钰即皇帝位，是为代宗，改明年为景泰，尊朱祁镇为太上皇。商辂升为翰林院侍读。

景泰元年（1450年）九月，瓦剌求和，放回英宗。代宗派商辂到居庸关迎太上皇回朝。之后，擢商辂为翰林学士。

英宗回到北京，被安排在南宫居住。代宗怕英宗夺权，不许大臣去朝见英宗，恐怕他与外界有联系。还废皇太子朱见深（英宗之子）为沂王，立自己的儿子朱见济为皇太子。这时，发生了一件事：太监阮浪因得到英宗喜爱，英宗赏给他镀金绣袋及镀金刀各一件，后来阮浪又把它转送给门下皇城使王瑶。不料此事被锦衣指挥使卢忠发现，飞章上奏，称阮浪受太上皇之命，以此物勾结王瑶，企图复辟。景泰帝见章大怒，降旨捕阮、王二人入狱，并令穷追此案。卢忠见此事闹大，畏惧成病。正巧有个巫师说他不但不会因告密而高升，还会有杀身之祸。他便满口胡言，哭笑无常起来。商辂认为不应扩大事态，便上奏景泰帝说："卢忠的疯语不可轻信，不能因为听了他的妄言便伤了骨肉之情。"景泰帝的怒气稍解，将卢忠下狱，后又发配到广西充办事官吏，以功赎罪。将阮浪禁锢于狱中，杀了王瑶。这件事没有牵连更多的文武官员，朱祁镇也幸免一难，实与商辂从中化解有关。

同年，商辂进职为兵部左侍郎，兼左春坊大学士，并赐第南薰里。其时，塞上腴田多为势豪侵占，商辂奏请进行核查，检实之后没收给军队，以兴军屯，增强北部边防。又开封、凤阳诸府的饥民流亡济宁、临清（今均属山东）等地，被地方官驱逐。商辂担心激化矛盾，建议招抚流民开垦京师附近八府荒田，官给粮种，使流民有所归，避免了社会动荡。

景泰八年，代宗病危。武清侯石亨、都督张轨（音 yuè）、大宦官曹吉祥以武力迎太上皇于南宫，朱祁镇得以复辟，史称"夺门之变"。英宗复称帝，杀兵部尚书于谦等人，废景泰帝仍为郕王。英宗知商辂之才，命他起草复位诏书。石亨私下对商辂说，赦天下要别具条款。商辂答道："这是祖宗旧制，不敢更改。"石亨很不高兴，怂恿言官弹劾商辂结纳朋党，要将他入狱。英宗便将商辂削籍为民，但时常独自叨念："商辂，是朕所取之士，曾经与姚夔侍于东宫。"不过，由于朝内有人忌恨，始终未再起用。

天顺八年（1464 年），英宗驾崩，朱见深继位，是为宪宗，年号成化。成化三年（1467 年）在家闲居 10 年的商辂接旨以原官入内阁参与机务。宪宗谕曰："先帝已知你被冤枉，不要再推辞了。"于是商辂二度入阁，至成化十三年致仕，又居官十一年，德业著于时，风范耸于后世。《明史·商辂传》说他"平粹简重，宽厚有容，至临大事，决大议，毅然莫能夺"。

第二次入阁以后，商辂首疏八事：勤政、纳谏、储将、防边、省冗官、设社仓、崇先圣号、广造士法。帝嘉纳之。转年，彗星见于天际，给事中董旻、御史胡深等弹劾不称职大臣，语及商辂。宪宗未理，商辂请求致仕。帝因此很生言官的气，命廷鞫上言之人，欲加重谴。商辂急忙上疏说："我曾经恳请陛下宽容上言的人，如今言官弹劾到我的头上，反而谴责他们，公众又会怎么议论呢？"宪宗听了这一番话，很是赞同，只是杖打了董旻等人并予以复职。晋商辂为兵部尚书，不久改户部尚书。商辂主持编纂的《宋元通鉴纲目》成，改兼文渊阁大学士。皇太子立，又加他为太子少保，晋吏部尚书。成化十三年晋为谨身殿大学士。

明时，普遍建立皇庄。仁寿太后是宪宗的生身母亲，她的庄户与百姓争夺田产，宪宗按照太后的要求，想把百姓迁徙到塞外。商辂上奏曰："天子以天下为家，怎么能以皇庄为生？"宪宗认为他说得有理，迁百姓的事才没有去实施。

宪宗受制于比他大十余岁的万贵妃，怏怏不乐。成化十一年五月某日，帝揽镜自照，见有白发数根，禁不住叹道："老将至而无子。"太监张敏伏地顿首道："万岁已有子。"太监怀恩也跪奏称："皇子潜养于西宫，年已6岁，因怕召祸，故匿而未报。"原来，宪宗某日至内藏，私幸女史官纪氏，使其有孕。万贵妃得知，曾一再加害。太监张敏等把纪氏和皇子隐藏起来，瞒过了万贵妃。宪宗得知此事后大喜，阁臣亦无不欢欣鼓舞。商辂请礼部定名，唤作祐樘，颁诏天下。商辂担心此事公开后，危及祐樘的安全，婉转上一奏折说：皇子之母现别居西宫，母子难得见面，有悖人情事体。宜移居近处，使母子朝夕便于见面。而一切抚育保护，仍可请万贵妃主持。宪宗准奏，纪氏迁居永寿宫，母子经常见面，祐樘也得到了一定保护。但是一个月以后，纪氏猝死，有人说是万贵妃派人勒死的，有人说是纪氏被迫自缢，此事一直是个谜。纪氏死后，据商辂所请，册封她为淑妃，殓殡依礼而行。是年十二月，商辂上疏云："陛下即位十年有余，未立皇太子，天下盼望殷切。当立之，以安中外人心。"宪宗颔首赞同。当月，立祐樘为皇太子，防止了万贵妃进一步实行阴谋活动。

郕王死后，谥号曰"戾"，宪宗拟复其位号。商辂极言王有功社稷，位号当复，帝意遂决，复郕王为景皇帝。又遇日食，商辂上书言八事：番僧国师，毋滥赐印章；四方常贡外，勿多受玩好；许诸臣直言；分遣部使虑囚，省冤狱；停不急营造；充实三边军储；加强守备沿边关隘；设云南巡抚。宪宗帝优诏褒纳。

明代的特务组织，除明初建的锦衣卫以外，还有永乐年间的东厂。成化十三年（1477年），宪宗在东厂之外，又添置了一个西厂，任命汪直为提督太监。西厂的人员多，可以监视锦衣卫和东厂。对任何人，甚至亲王大臣都可以任意逮捕、审讯、用刑，党羽遍及京师及各府州县。汪直利用心腹，屡兴大狱，迫害朝臣，冤死者难以计数。慑于汪直的嚣张气焰，朝臣不敢多言。许多人迫于他的威势，转而去讨好巴结。唯有商辂挺身而出，于五月率大臣万安、刘珝、刘吉上章弹劾，列举了汪直的 11 条罪状，并且说："陛下全听断于汪直，汪直又密寄耳目于一群小人。皆自言承密旨，擅作威福，贼虐善良。自汪直任事以来，士大夫不安于职守，商贾不安于路途，庶民不安于农耕。如不及早去掉他，天下的安危不可预料！"宪宗览奏，十分不悦，说："朕不过用一太监，何以危及国家的安危。谁是此奏疏的主使者？"命太监传旨，严厉训责，商辂大义凛然回答道："朝臣无大小，有罪皆请旨再逮捕审问，而汪直擅自抄没三品以上京官。大同、宣府这样的边城要塞，一刻都不能没有守备，而汪直一天竟撤掉数人。南京是祖宗的根本所在，而汪直擅自收捕留守大臣。陛下左右的宦官，汪直随心所欲地更换。汪直不去掉，天下怎么会没有危险呢？"其他大臣亦慷慨陈词，正好九卿项忠等亦弹劾汪直，宪宗皇帝迫于形势，不得不同意商辂等人的请求，下诏撤西厂，汪直仍回御马监供事。

汪直虽不视西厂之事，却受宠幸如故。宪宗继续让他暗中从事侦缉工作。南京监察御史戴瑨揣知帝意，密奏一本，极言西厂不应停止。成化帝准奏，不久就重开西厂，汪直复职。商辂深知在这种情势下，自己难有所为，含愤乞求告老还乡。宪宗为了表示优崇，诏加少保衔。商辂既去，朝臣多俯首汪直之门，朝政遂完全被汪直掌握。

商辂在朝时，遇大事刚正不屈，平日待人则十分谦和。有个叫钱溥的官员，因得不到提升，作《秃妇传》来讥讽商辂。但商辂并不计较，仍像以前一样对待钱溥。万贵妃十分看重商辂的名声，想让他为其父写赞文，赠金帛甚厚，但他极力推辞，说："不是皇上的旨意，不敢承担！"贵妃不悦，但他始终未办此事。及谢政回籍，有次旧日同僚刘吉过其家，到府上拜访，见他子孙林立，叹道："吉与公同事历年，未尝见公笔下枉杀一人，宜天之报公厚！"商辂答道："正是为了朝廷，才不敢使朝廷妄杀一人耳。"

商辂居家修养安度晚年，享受了 10 年天伦之乐。成化二十二年（1486 年）病卒，享年 73 岁，赠太傅，谥"文毅"。

（2）直言谏诤的高才博学之士——杨慎。杨慎（1488～1559 年），字用修，号升庵，四川成都府新都县人。明武宗正德六年（1511 年）辛未科殿试第一。他学识渊博，才情卓异，誉满朝野。后因"议大礼"而两受廷杖，谪戍云南，老死边陲。他是明代正直而有气节的政治家，也是著名的文学家和学者。

杨慎祖籍江西庐陵，元末因避战乱迁至湖北麻城，不久又迁到四川新都县城内。杨家是书香门第、官宦世家。祖父杨春喜研《周易》，成化间考取进士，官至湖广提学佥使，晚年辞官回乡办学，培养了许多人才。父亲杨廷和自幼聪明过人，喜好诗文。12 岁举于乡，18 岁中进士，武宗时官至吏部尚书、武英殿大学士，入阁为相。他在武宗、世宗两朝为相 15 年，其中 12

年为首辅，但生活却十分俭朴，新都的旧居还是老样子。平日教子极严，他常说："吾立身四字：正直忠厚。"曾捐资修建故乡的水利事业，置义田周济同族穷人。他针对明代后期政治腐败、宦官专权的局面，进行了一系列整饬和改革，故史家称他"诛大奸，决大策，扶危定倾，功在社稷"。杨廷和还能诗能文，是位颇有成就的学者。

明孝宗弘治元年（1488 年），杨慎出生于其父杨廷和在北京的官宅，共有兄弟姐妹 4 人。母亲黄氏是名士之女，有很深的文化修养。杨慎 4 岁发蒙读书，5 岁能作对联，7 岁时母亲教他唐人绝句，他还一丝不苟地练字。10 岁左右写作诗文，能一挥而就，在京城小有名气。12 岁时，母亲黄氏和祖母不幸先后去世，他哀伤废食。按制，随父亲由京返蜀守孝。这是他第一次回故乡，使他有机会接受祖父杨春的亲自教育，学业得到了进一步的深造。天府之国，山明水秀，人杰地灵，也给了他极有意义的熏陶。更重要的，是杨氏家族的教育传统，父亲奉行儒家修身、齐家、治国、平天下的原则，常对子女说："读书登第是第二事，修身齐家乃第一事也。"祖父杨春对杨慎的教育，也始终把握两点：一是培养才思，二是培养德行。祖父教他《易经》，20 天就能一字不漏地背诵全书，另一方面又常给他讲古代仁人志士立功报国的故事，鼓励他学习屈原、苏轼等人的懿言嘉行。杨慎的学业进步很快，拟作《古战场文》中有"青楼断红粉之魂，白日照翠苔之骨"的句子，长辈们十分赞赏。少年时代的他，已立下了"临利不敢先人，见义不敢忘身，虽无补于事业，不忘乎君亲"的志向。

在故乡新都，杨慎上了一年多县学。后来，杨春还专门为他延聘了一位进士出身的人，教他儒家经典和科举文字。

在家庭和师友的培养熏陶下，少年时代的杨慎以才思敏捷、出口成章而出名。一年过春节，杨慎和几个本家兄弟到郊外赏梅，回家后，诗兴大发，写《咏梅》一首："疏梅悬高灯，照此花下酌；只疑梅花燃，不觉灯花落。"此诗传出，人皆称奇。还有一次，杨慎的父亲和叔叔在评论一幅山水画时，叔父有意考他，让他以诗评画。他凝思片刻，吟出一首诗来："会心山水真如画，名手丹青画似真；梦觉难分列御寇，形影相赠晋诗人。"这首诗恰当地表达了美景如画、画如其景的意思。叔父听后感慨地说："你这四句，并不在元稹之下啊！"

弘治十五年（1502年），杨慎在新都守孝3年期满，回京路上又游历了一些名山大川。每到一处，他都即兴赋诗，写出了许多咏史吟物的佳句。其中《马嵬坡》云：

凤辇匆匆下九天，马嵬西去路三千。
渔阳鼙鼓烟尘里，蜀栈铃声夜雨边。
方士魂游招不返，词人长恨曲空传。
蛾眉尚有高丘在，战骨潼关更可怜！

诗中嘲讽了唐玄宗的误国行径，表现了爱国爱民的胸怀。诗句转换自然，一气呵成。回京以后，杨慎更虚心求教，他拜福建进士魏浚为师，大诗人李东阳也收他为门生，所以他进步很快。

弘治十八年，杨慎 18 岁，父亲杨廷和主持礼部考试，他得以入闱陪侍观看，见到各地举人个个孜孜以求，更激发了他勤奋进取的热情，决心争取科场高中。20 岁时，他按当时的规定，再度回到四川，参加乡试。考官阅其试卷，为其文才所吸引，夸奖他有苏东坡之才，取为第三名举人。第二年春天，杨慎由四川返京参加礼部会试，他胸有成竹，文思泉涌，读卷官一致认为他的试卷应为"上上卷"，列为首选。但由于考官不慎，考卷被烛泪污染损坏，致使杨慎功败垂成。武宗正德六年（1511 年），杨慎又参加了礼部会试，名列第二名贡士，参加殿试潇洒完卷。读卷官李东阳、刘忠等交口称赞他的对策，认为朝廷得到一个难得的人才。最后武宗亲自定夺，御笔点为一甲第一名进士，授予翰林院修撰之职。

杨慎中状元后不久，继母喻夫人去世，又回新都守孝 3 年。正德十一年返京入翰林院，充经筵展书官，参与校订马端临《文献通考》的工作。他博闻强记，学识渊博。有一次，武宗阅读《文献通考》，有星名"注张"，见《秘书通考》又作"汪张"，遂问钦天监及众翰林："'注张'又作'汪张'是什么星？"没有人能回答。只有杨慎答称是"柳星"，并举出《周礼》、《史记》、《汉书》中有关记载为据作证。又一次，湖广土官水尽源通塔平长官司进贡，同僚以为是 3

个地名，就在长官司前加个三字，杨慎马上指出：这个地名本来就是 6 个字，并取大明官制作证。杨慎对于古籍，博闻强记，阐扬幽隐，有不少独到见解，所以有人说："用修之博学，不比古代的苏颂差！"

杨慎为人正直，遇事敢于据理力争。明武宗是一位非常昏庸无道的皇帝，喜欢搜罗珍宝重器，沉溺于声色犬马。他在一些权奸的怂恿下，荒游废政，屡屡出京到宣府、大同游幸，夜入民家，索要民女。杨廷和身为首辅，几度进谏，武宗充耳不闻。正德十二年，杨慎亦上《丁丑封事》直言进谏，劝皇上不要"轻举妄动，非事而游"。皇帝将奏章扣下不批，"留中不发"。杨慎愤然告病假，回到四川老家。

杨慎告假归蜀，家居 3 年。这期间，原配夫人王氏病故，续娶工部尚书黄珂之女黄娥为妻。正德十五年，杨慎返京复职。次年，武宗由于荒淫过度病逝，其堂弟朱厚熜即位，是为明世宗，年号嘉靖。杨慎为经筵讲官，这时，宦官张锐、于经犯法，罪当死，想用金银财宝赎免。杨慎针对这件事，借讲《尚书》"金作赎刑"之章时进行讽谏，解释说："古代圣人设立赎刑制度，只适用于那些有小错误的人。罪大恶极的人，是不能用金银来赎免罪行的。"嘉靖二年（1523 年），杨慎奉旨参加纂修《武宗实录》，由于他熟悉朝廷典章制度，又有敢于秉笔直书的史德，总裁官常把稿子交他审定。当时吏部考核官员给他的评语是："文章克称乎功名，慎修允协乎名字。"意思是说，文章确实像是状元写的，立身行事确实和他的名字相符。

世宗原是武宗堂叔兴献王朱祐杬的长子，武宗死后无嗣，便由他嗣位。于是出现了如何对待生身父母的问题。他是武宗的堂弟，按封建礼法，既然继嗣帝位，就该改称武宗的父亲孝宗皇帝为"皇考"，称他自己的生父兴献王为"皇叔考"，但嘉靖帝嫌这样薄待了他父母，坚持要尊生父为"皇考"，称孝宗为"皇伯"，命廷臣集议，史称"议大礼"。首辅杨廷和等60余名大臣一致认为，应该"继统继嗣"，"宜称孝宗为皇考，改称兴献为叔父"。但这时，进士张璁、南京刑部主事桂萼，窥测嘉靖帝"锐意尊所生"的心理，上书献诏，拥护嘉靖帝的主张。事情僵持了2年，嘉靖帝认为朝中那么多官员上疏反对，全是杨廷和操纵的，因此对他极为不满。杨廷和不服，累疏乞休，嘉靖帝决定"听之去"，准其返乡。嘉靖三年二月，杨廷和致仕，大学士蒋冕也致仕离朝。但是，杨慎等毫不屈服。他们特别鄙视张璁、桂萼那种贪图个人富贵的小人。当得知嘉靖帝委任张、桂二人为翰林院学士后，杨慎联合36名官员上疏云："臣等与萼辈学术不同，议论亦异。臣等所执者，程颐、朱熹之说也。萼等所执者，冷褒、段犹之余也。今陛下既超擢萼辈，不以臣等言为是，臣等不能与同列，愿赐罢斥。"疏上后，帝大怒，切责诸大臣，命停俸以示处罚。于是，爆发了更大冲突。

七月十二日，嘉靖皇帝下诏称生父为"恭穆皇帝"，众臣不服。杨慎在群臣相聚时疾呼："国家养士五十年，仗节死义，正在今日！"在他的感召下，各部大臣 200 余人，一齐拥到左顺门跪地大哭，一时间悲声动地。嘉靖益怒，派锦衣卫校尉抓走 8 人投狱。杨慎等率领一批官员，"撼门大哭，众皆哭，声振廷阙"。帝又下令捕 130 余人。十七日，廷杖杨慎等 160 余人，当时就有 17 人受重伤而死。事后又有人向上进谗言，杨慎等 7 人再次被廷杖，有的当场被打死，杨慎被打得死去活来，然后被谪戍云南永昌（今保山县）永远充军。

嘉靖三年七月，杨慎被押解出京，黄娥夫人伴他远行，到湖北江陵后，夫人西去四川故乡，杨慎由广西入滇。他在《江陵别内》诗的末尾，想到以后行程，有句云："山高瘴厉多，鸿雁少经过，故园千万里，夜夜梦烟萝！"嘉靖四年正月底，历时半年，病驰万里，杨慎到达昆明，身体已疲惫不堪。又经千里险路，抵永昌。所幸巡按郭楠和知府严知泰对他十分同情，倍加照顾，安置他在州东遥岑楼讲学。当时的四川巡抚李公对这位身处困境的本乡才子也十分关怀，赠百金以慰。杨慎用此建一小楼，名曰"李公楼"，表示感谢之情。他在这里住了 10 多年，才迁往昆明。

嘉靖五年，杨慎因父亲患病，获准回新都探望。杨廷和因给兴献王加尊一事，得罪皇上，告病致仕还乡，后来又被指责为"罪魁"，削籍为民。这次父子相见，格外感伤。父亲病情好转以后，杨慎在黄娥陪伴下回到云南。嘉靖八年，杨廷和去世，杨慎夫妻二人回新都奔丧。办完丧事，黄娥留故乡照料家务，夫妻再度分离。

　　杨慎在滇 30 余年，足迹遍及永昌、大理、昆明、开远等地，每到一地，都受到热情接待。他接触到了许多少数民族百姓，也结交了大批文学知己，其中过从最密的有张含、王廷表、李元阳等 7 人，被称为"杨门七子"。张含是杨慎少年时期的同窗诗友，因仕途不畅，回到云南。杨慎谪戍云南，两人常吃住在一起，张含很推崇杨慎，仅写《忆生庵》一类诗就多达200 余首。李元阳是当朝进士，常与杨慎一起切磋诗文。杨慎逝世以后，李元阳写下《哭杨修撰升庵》痛悼，字字发自肺腑，其中云："天边文曜坠，地下不能留；文章推一代，未足羡公优。"

　　由于议大礼，嘉靖帝特别恨杨慎父子，嘉靖十六年，刑部请赦还谪戍的 140 余人，独不宽宥杨慎、丰熙等人。嘉靖帝时常向阁臣问杨慎的情况，阁臣们说杨慎又老又病，才稍解他心头之恨。杨慎得知此事，益纵酒自放。据明律，谪戍者 65 岁以上便可由子侄后辈代替服役，年过 70 者，可以用钱赎身。但朝廷却要他服役至死。对此，杨慎在《感怀诗》中写道："七十余生已白头，明明律例许归休。归休已作巴江叟，重到翻为滇海囚。迁谪本非明主意，网罗巧中细人谋。故国先陇痴儿女，泉下伤心也泪流。"

　　嘉靖三十八年七月六日，明中期政坛名臣、文坛臣星杨慎逝世于云南永昌，享年 72 岁。时至今天，四川、云南一带还有许多关于杨慎的文物和传说，寄托了人们对他的怀念。

　　杨慎在滇几十年，笔耕不辍，著述宏富。《明史·

杨慎传》云："明世记诵之博，著述之富，推慎为第一。诗文外，杂著至一百余种，并行于世。"为他作《年谱》的简绍芳也说他："平生著述四百余种，散逸颇多，学者恨未睹其全。兹聊记其知名之目于简末。"计书目117种，主要著作有《升庵文集》81卷，《南中集》7卷，诗5卷，词4卷，道家著作有《庄子阙误》，释家著作有《禅藻集》，古音、训诂著作有《周官训诂》、《转注古音略》，医学著述有《素问纠略》，地方史志有《全蜀艺文志》、《云南山川志》、《滇程记》，等等。他的著述如此广博，除了他有颖敏过人的天赋外，还由于他刻苦勤奋。《明史》本传中说他："尝奉使过镇江，谒杨一清，阅所藏书。叩以疑义，一清皆成诵，慎惊异，益肆力古学。既投荒多暇，书无所不览。尝语人曰：'资性不足恃。日新德业，当自学问中来。'故好学穷理，老而弥笃。"

杨慎的最大成就，是在诗词上独树一帜。《四库提要》说："慎以博洽冠一时，其诗含吐六朝，于明独立门户。"他的诗作极丰，《升庵文集》81卷，各种体裁诗达2300余首。其《武侯庙》诗云："剑江春水绿沄沄，五丈原头日又曛。旧业未能归后主，大星先已落前军。南阳祠宇空秋草，西蜀关山隔暮云。正统不渐传万古，莫将成败论三分。"词意哀怨，感人至深。他的诗作，有一部分是描绘云南边地风光人情的，填补了我国诗歌史上的一大空白。

（3）为政端澄本源，为学躬行实践——徐元文。徐元文（1634～1691年），字公肃，号立斋，江苏昆山人。顺治十六年己亥科殿试第一，官至大学士，是清初名臣之一。他重教兴学，整肃学政，辅佐帝室，澄清吏治，有着突出的政绩。

徐元文出身于书香门第的江东望族。九世祖时由江苏常熟迁至昆山。曾祖父是明万历进士，官至太仆寺少卿。祖父、父亲都是明代的贡生。徐元文出生于明崇祯七年（1634 年），兄弟三人，长兄徐乾学，三弟徐秉义。母亲顾氏是著名学者顾炎武的妹妹，学问渊博，"世称其教子极严，课诵恒至夜午不辍"。徐氏兄弟年龄相近，在母亲的督理下，发愤攻读，家塾讲论，友爱秩如，敦尚行谊。当时昆山所在的吴中地区，盛行以文交往结社。徐氏三兄弟也相约组织了文社，取名"慎文"。他们厌恶艳词俗章，提倡古学，一时"时论归之"，"海内知名之士，莫不倾慕，争相依归"。

清顺治十一年（1654 年），徐元文随兄长到金陵（今江苏南京）参加乡试，考中举人。顺治十六年到京参加会试、殿试，高中进士第一名，时年 26 岁。顺治皇帝福临在乾清门召见了徐元文，回宫后福临高兴地对孝庄皇太后说："今岁得一佳状元。"赐给他冠带、蟒服，授翰林院修撰。后来，长兄徐乾学于康熙九年殿试第三，为探花，官至太子太傅、刑部尚书；弟弟徐秉义于康熙十二年殿试第三，亦为探花，官至吏部侍郎。所以清代著名思想家龚自珍惊异地赞叹这个家庭说："学士大夫之魁然而秀于一门者，为江南三徐公。"他们是受母亲教诲而成才的典型。三徐既贵，每奉命握文柄，顾夫人还都以"矢慎矢公，甄擢寒畯"8 字相告诫。三兄弟不负母教，史称："太夫人未六十，立斋（元文）已登九列，持节秦中，所识拔多知名士；健庵（乾学）以编修总裁北闱；果亭（秉义）以编修典试浙江，皆母教也。"

徐元文在朝 30 年，历任国子监祭酒、经筵讲官、翰林院掌院学士、户部尚书、文华殿大学士等职，政绩颇多。他生平历官多值讲筵，启益帝王。从康熙九年起，徐元文充经筵讲官，他举止闲雅，音吐宏畅，进讲称旨。任国子监祭酒，力请停罢输纳，学政大饬，名震一时。充台谏之职，遇事敢言，不依违阿曲。

徐元文平日甚是和气，但遇事辄力争无所避。当时满汉地位的悬殊，凡事关八旗者人多不敢言，元文独能争辩和干预。他监领史局，纂修多种官书。为学以躬行实践为务，期于明理致用。徐氏三兄弟自幼即以道义相激勉，后皆通显，海内之推重者，以其文章风节，而不是门第贵重。三兄弟中，徐元文尤以风节操守著称于时，推究其根本原因，乃是他"生平为学，以躬行实践为务"。

不过，徐元文在朝 30 年，"以廷议数与满大臣忤"。权臣明珠被罢相，与徐乾学、徐元文有关，明珠之党遍布中外，欲杀他兄弟以泄愤。于是两江总督傅蜡塔上疏劾徐元文子侄在地方交结巡抚，招权竞利，词连元文。结果，徐乾学被免除刑部尚书之职，元文亦上疏求罢，遂以原官致仕。舟过临清，关吏大索，独图书数千卷及光禄馔金三百而已。在还乡的路上，徐元文作诗《被论罢官南归》数首，内有"身与权贵忤，安得不困厄"之句，更有一首倾诉了他恪守儒家学说的毫不动摇的信念：

> 京华十余载，怀乡日悠悠。一朝解组去，潞水浮扁舟。白露且晨降，大火方夕流。烟波正弥渺，桂櫂堪夷犹。对景暂为适，安知身所谋？终已事六籍，此外非吾求！

"六籍"，指儒家的经典。徐元文返回江苏昆山故里后，年余而卒。

（4）襄助维新变法的两朝帝师——翁同龢。翁同龢（1830～1904年），字声甫，号叔平，晚号瓶生，因得松禅旧印，自号松禅老人。江苏常熟人。清咸丰六年丙辰科状元，先后做过同治和光绪两朝皇帝的老师，官至协办大学士。他支持维新变法，对晚清的政治局势起过重大作用。

翁同龢家世居苏州府常熟县。其父翁心存，是道光年间进士，曾任礼、户、工部尚书，翰林院掌院学士，官至体仁阁大学士，充上书房总师傅。晚年奉命在弘德殿行走，任同治皇帝授读师傅，死后谥"文端"，是道、咸两朝重臣。其母许氏，出身仕宦之家，自幼通诗易、五经大义，尤好观史。出嫁前，曾教授翁同龢的姨母及曹氏女儿读书。结婚后，由于翁心存尚未通籍，久客京师，全部家务和教育子女的任务均由她一人承担。翁同龢有兄姊4人：长兄同书，道光进士，官至安徽巡抚。次兄同爵，曾任陕西、湖北巡抚，署理湖广总督。长兄学问博大精深，年轻时专心注疏考证，各种史籍无不阅读，诗、书、文俱佳，并好藏字画。中年以后，虽有军政要务在身，丹黄仍不离手，晚年好谈性理。翁同龢后来喜爱摩挲碑帖，收藏字画，谈禅说易，都是直接受了哥哥的影响，而其诗文皆由其兄"亲授"。大姊寿珠，字绎龄，颖悟异常，各种诗书，读一二遍即能成诵，平日写诗矻矻不倦，楷书尤为端庄秀丽。二姊也聪明过人。翁同龢是兄弟姐妹中最小的一个，他出生时，母亲年已 41 岁，无乳，他日夜啼号，瘦弱不堪，全靠两个姐姐精心护理，用米汤喂养，才得以不死。待长，终日跟随两个姐姐，姐弟情谊因而深厚。翁同龢 6 岁以前父亲曾先后出任四川、江西等省学政，举家随迁，生活不能安定。其间，他的启蒙教育全由母亲及大姐担任。6 岁那年，父亲回京入直，他择师入塾。在塾学的头两年里，每晚都跟随大姐"读至夜分"，由大姐辅导，将次日新课预习一遍，待到第二天进书房，他早已成诵。他的"四书"、"五经"及《毛诗》等都是由大姐在这个时期亲授的。8 岁时，父亲辞官回乡，他也随着回到常熟老家。乡居期间，他阅读了大量书籍。翁家存书不下数万册，给翁同龢的学习提供了优越条件。为了打下扎实的学问基础，他牢记魏人董遇的话——"为学当以三余"（冬者岁之余，夜者日之余，阴雨者晴之余），终日埋首书中。乡居十多年里，先后阅读和浏览了先秦诸子，《史记》，《汉书》，《资治通鉴》，《通鉴纪事本末》，薛文清的《读书录》，朱熹的《小学》、《近思录》及唐宋八大家的著作，总计不下百余种。翁同龢 9 岁那年，应童子试，考进了当地县学游文书院。主讲就是翁心存，翁同龢实际是在父亲的指导下读书。由于父兄、姐姐的熏陶，自己刻苦勤奋，加上颖悟的禀赋，他在乡里渐渐有了名气。他自己也说："少壮才名第一流。"

道光二十五年（1845 年），翁同龢考中博士弟子生。次年，他又参加府试，补上了诸生。道光三十年春，其父奉召回京任职，翁同龢随双亲一同进京。是年，正逢礼部举行贡试和拔贡试，翁同龢参加了这两次考试，均考取第一名，被封为七品京官，在刑部供事。对此，翁同龢并不满足，准备继续应考。咸丰二年（1852 年），他 23 岁时考中举人。咸丰六年参加殿试，考中一甲第一名进士。

翁同龢中状元后，授修撰，在翰林院供职。此后，他先后五典乡试，三典会试，屡掌文衡。历官陕甘学政，国子监祭酒，户部侍郎，都察院左都御史，刑部、工部、户部尚书，加太子太保衔，协办大学士，军机大臣上行走兼总理各国事务衙门行走等职，"立朝数十年，矢诚矢敬，有古大臣风"。

1861 年咸丰帝去世，同治帝载淳继位，时方 6 岁，在弘德殿读书。开始时，翁同龢的父亲、大学士翁心存是授读师傅之一，但心存次年即去世。同治四年（1865 年）谕令翁同龢为弘德殿行走。当时共设有满功课、习武、汉功课 3 种，汉功课是主要课程，有《四书》、《五经》、《帝鉴图说》等。弘德殿这时成了上书房。翁同龢每日寅时（早晨 4 时左右）入值，申时（下午 4 时）回家，一年四季，除生病外，几乎日日如此。他为了教小皇帝作诗，亲自编辑了《唐诗选读》。为了解决同治帝读古文的困难，他把常用文言虚字集录成册，加上例文注释，供皇帝阅看。这期间，他还给两宫皇太后进讲过历代政治。原来，同治元年（1862 年）两宫皇太后听政后，想了解历代帝王政治事迹与治国得失，特令南书房的张之万等人编纂《治平宝鉴法编》一书。书成后，又选派大学士、尚书及弘德殿师傅轮流进讲，王公大臣亦要旁听。翁同龢首次进讲的题目是《宋孝宗与大臣陈俊卿论唐太宗能受忠言》，他反复叙述了君主虚怀纳谏、礼贤下士与政治清明的关系。进讲是半月轮一次，他给两宫皇太后、王公大臣进讲了宋、金、元、明 4 朝政治得失的 15 个题目。他的进讲，注意把历史与当时的政治结合起来，并借回答两宫皇太后的提问，据实陈述，大胆批评当时的许多弊政。翁同龢因书房进讲成功，受到朝廷的器重。同治十年（1871年）他母亲去世，回籍丁忧，便离开了弘德殿。1874 年同治帝去世，因无子嗣，西太后便择定醇贤亲王奕譞之子载湉为帝，年号"光绪"。这时光绪帝年方 5 岁，两宫太后选派翁同龢、夏同善为毓庆宫行走，懿旨云：

　　皇帝（光绪帝）冲龄践阼，亟宜乘时典学，日就月将，以裕养正之功，而端出治之本。著钦天监，于明年四月内选择吉期，皇帝在毓庆宫入学读书。著派署侍郎内阁学士翁同龢、侍郎夏同善，授皇帝读，其各朝夕纳诲，尽心讲贯，用收启沃之效。皇帝读书课程及毓庆宫一切事宜，著醇亲王妥为照料。至国语清文，系我朝根本，皇帝应行肄习。蒙古语言文字及骑射等事，亦应兼肄。著派御前大臣，随时教习，并著醇亲王一体照料。

毓庆宫原是嘉庆皇帝的寝宫，现辟为光绪帝的书房（即上书房）。光绪三年（1877 年）书房又添了几位师傅，孙家鼐（咸丰九年状元）也是其中之一。书房的头两年，主要功课是认字、听讲、读生书、背熟书。规定每日生书读 20 遍，熟书读 50 遍。后来课程逐渐增加。按清廷的规定，皇子、幼君都要学习以儒家经典、历代帝王治术、列朝实录、圣训等为主要内容的科目，由翁同龢、夏同善、孙家鼐等人讲授。此外配备了满、蒙文师傅，教授满、蒙文字，并据满族的习俗，命武臣传授骑射技勇。不过翁同龢认为，现实已非康、乾一统之世，外国势力已深入堂奥，皇帝仅有上面那些学问显然是不够的，于是又奏请增添了有关中外史地和实务外交等方面的课程，如魏源的《圣武记》、《海国图志》，冯桂芬的《校邠庐抗议》，钱恂的《通商出入表》、《关税出入表》、《中外交涉表》以及出使外国大臣的笔述记录等。光绪帝说读了这些书之后，获益匪浅。光绪帝之所以在政治上成熟比较早，对重要政治问题极为敏感，特别是后来出面支持和组织维新变法，都与翁同龢等人的教育密不可分。同时，翁同龢对于皇帝的道德品质教育也极为注意，认为皇帝应当有一个好的"帝德"，多次劝导光绪帝："于学以正心诚意为本，勿视为迂谈。"故旧史称誉翁同龢说："其在讲帷也，于列圣遗训、古今治乱反复陈说，曲尽其理。其调和宫廷以圣孝为本，其阐明政要以忧勤为先。"他自己也有诗描述充毓庆宫行走时的情景：

> 疏星澹月绕枇棱，玉殿趋班午夜兴；
>
> 传语诸臣勤讲习，九重早烂读书灯。

由于翁同龢和光绪帝思想感情方面极为融洽，还常在书房"造膝独对"讨论朝政，引起了西太后和后党的疑忌，光绪二十三年西太后下令裁撤书房。至此，翁同龢结束了长达22年之久的毓庆宫授读生涯。

光绪八年至十年和光绪二十年至二十四年，翁同龢两度受命为军机大臣，主要遇到了三桩中国历史上的重大事件：

第一桩是中法关于越南问题的交涉与中法战争。19世纪60年代起，法国殖民主义者不断对越南进行侵略，在侵占了越南南部以后，又把矛头指向越南北部和中国西南部，妄想建立一个包括越南和中国西南地区在内的"东方帝国"。1883年4月，清政府指派李鸿章同法国专使脱利古就法国侵略越南一事举行谈判，脱利古向中国提出不许出兵援助越南等无理要求。李鸿章一开始就采取息事宁人的态度，主张接受法国的要求，和平了结，认为不可与法国开战。翁同龢对李鸿章的做法很不满。尽管清政府对法国一再妥协退让，但法国并不罢休，1883年9月法军向驻守在河内附近的刘永福黑旗军发动了猛烈进攻。黑旗军原是广西的一支农民起义军，因以七星黑旗为战旗，所以叫黑旗军，起义失败后，转移到中越边境，继续抵抗法国侵略势力。刘永福是应越南政府邀请，率领黑旗军与法军作战的。李鸿章一直把黑旗军看做是他与法国进行妥协投降活动的障碍，主张消灭它。翁同龢反对敌视刘永福的黑旗军，他在日记中说："法越事，合肥（李鸿章，安徽合肥人）力主在保胜通商，而视刘（永福）为眼中钉，此甚可虑也。"由于黑旗军势孤力单，难以抵御法军，翁同龢进言："刘永福不足恃，非增重兵出关不可。"清廷并未采纳翁同龢的建议。果然，黑旗军虽取得一些胜利，但由于寡不敌众，最后还是向北败退。不久，法军直抵镇南关，清军才被迫应战。西太后以军机处办事不力为由，罢黜全体军机大臣。后来这场战争中国取得了军事上的胜利，但清政府还是与法国鉴署了屈辱的投降条约，导致了"中国不败而败，法国不胜而胜"的结局。

第二桩是 1894～1895 年中日甲午战争。日本自明治维新以后，迅速走上了对外扩张的军国主义道路，制定以掠夺朝鲜和中国为首要目标的"大陆政策"。1894 年春，朝鲜南部发生东学党领导的农民起义，清政府应朝鲜国王的要求，派兵前往帮助镇压，日本也趁机出兵朝鲜。事平后，清政府建议中日同时从朝鲜撤军，日本不但无理拒绝，还源源不断增兵入朝，蓄意扩大事态。翁同龢再度奉旨入军机处，权参机要。他认为，日本如此猖狂，藐视中国，若不予以痛击，今后祸无底止。因此建议调集东三省及旅大防兵速赴朝鲜。翁同龢成了主战派的领袖人物，受到了光绪帝的支持。但是，主持北洋防务、负责实际军事责任的直隶总督兼北洋通商大臣李鸿章却"重外交、轻军事"，幻想靠俄国政府来制止日本侵略，结果拖延了作战的准备。翁同龢愤愤抨击李鸿章在派遣援朝军队上"徘徊不进"，坐失良机。他说："朝旨屡饬李相（李鸿章）添兵，仅以三千勇屯仁川、牙山一带，徘徊不进，嘻！败矣。"8 月 1 日，中日宣战。但李鸿章一味求和，以致一误再误。这激怒了主战派，要求制裁李鸿章，西太后不得不给李以薄惩，令其戴罪立功，以赎前愆。在翁同龢、李鸿藻等主战派的大力推动下，清廷先后从全国各地调集了数十万援军开赴关外前线，但部队战斗力极差，一经接敌，无不溃败。结果，辽东半岛陷落，北洋舰队也全军覆灭。1895 年 4 月中日签订了《马关条约》。在签订条约之前，清统治集团内围绕是否割让台湾的问题，还进行了激烈争辩。翁同龢、李鸿藻力主修改约稿，认为"宁赔款，必不可割地"。李鸿章则半带威胁地说："割地不可行，议不成则归耳！"为此事，翁同龢与主和派孙毓汶、徐用仪还进行过一场最后的争辩，康有为在其自编年谱中把这次辩论记述得很具体："是日，翁相国入朝房，犹坚持勿用宝，电日相伊藤请展期五日，孙、徐谓若尔，日人必破京师，吾辈皆有身家，实不敢也。常熟（翁同龢）厉声曰：'我亦岂不知爱身家，其如国事何？'孙、徐知不可强，乃使李莲英请于太后，迫令皇上画押。"为了保住满洲贵族的统治地位，西太后不顾国家、民族利益，正式授予李鸿章割地赔款的全权。翁同龢等主战派要求抗击日军侵略扩张、反对割让台湾的努力虽然不可避免地遭到失败，但其爱国热忱和维护领土完整的意志一直受到后人颂扬。

第三桩是 1895 年的戊戌变法。清政府在甲午战争中失败，民族危机日益严重，光绪帝为了挽救颓势，极想通过一番改革来扭转局面。在所有的大臣中，只有翁同龢跟他最亲近，也最能辅翊他筹谋新政。这一年春天，康有为联合在京应试举人 1300 多人，联名向光绪皇帝上书，反对签订《马关条约》，提出"拒和、迁都、变法"的主张。这给了翁同龢以极大鼓舞，他遂决定破格求贤，结纳这股力量，他曾以一品大员、帝师的身份走访六品主事康有为，讨论变法事宜。在他的支持下，康有为、梁启超及拥护新政的帝党官员文廷式、陈炽于 1895 年 8 月在北京成立了推行维新变法的组织——强学会。在翁同龢的带领下，一些权贵显要如孙家鼐、湖广总督张之洞、两江总督刘坤一等也纷纷列名与会。强学会还创办《强学报》，发行《中外纪闻》，一时声势大振，因而遭到顽固派的反对。军机大臣刚毅公开声称："宁可亡国，决不变法。"结果西太后强令皇帝下诏封闭了强学会。翁同龢广泛浏览了维新派的新政条陈与著述，很是赞同。但是他反对维新派提倡的民权平等说，反对君主立宪制。即使对洋务派搞的"火轮驰骋于昆明，铁轨纵横于西苑，电灯照耀于禁林"等西方工业技术的宣传试验，也"忧心忡忡"。1898 年（光绪二十四年）1 月，他和总理衙门诸大臣邀康有为问话，曾询及变法所需的款项如何筹措。次日，又将问话经过详细奏报光绪帝，密荐康有为才堪大用。据说，他向光绪帝进奏："康有为之才胜臣百倍，请皇上举国以听。"1898年6月11日光绪帝正式颁诏，"明定国是"，变法开始。这份历史上有名的诏书，就是翁同龢亲手拟就的。但是，以西太后为首、掌握实权的顽固派和洋务派大官僚集团，即"后党"，对变法恨之入骨。他们先把矛盾对准翁同龢，6月15日是宣布变法的第四天，这天恰巧还是翁同龢的生日，西太后以光绪帝的名义下令撤去翁同龢协办大学士、户部尚书的职务，将他撵出北京，逐回常熟老家。谕旨云："协办大学士户部尚书翁同龢，近来办事，多未允协，以致众论不服，屡经有人参奏。且每于召对时，咨询事件，任意可否，喜怒见于词色，渐露揽权狂悖情状，断难胜枢机之任。本应查明究办，予以重惩，姑念其在毓庆宫行走有年，不忍遽加严谴。翁同龢著即开缺回籍，以示保全。"有材料说，当光绪帝见到革除翁同龢的懿旨时，"惊魂万里，涕泪千行，竟日不食"，显得十分悲痛。第二天，翁同龢按规制到宫门"谢恩"，光绪驾出，翁在道旁叩头，这是他们师生最后一次见面。翁在日记中说："上回顾无言，臣亦黯然如梦。"7月初，翁同龢辞别帝京，南归故里。

翁同龢立朝数十载，并未在原籍添置产业，回到常熟后，无屋可居，无地可耕，只好租赁城中塔前街张姓几间屋住下。不久，戊戌变法失败，光绪帝被囚，"六君子"被杀，12月西太后又下了一道更严厉的谕旨，内称："翁同龢授读以来，辅导无方……今春力陈变法，密保康有为，谓其才胜伊百倍，意在举国以听。朕以时局艰难，亟图自强，于变法一事，不惮屈己以从。乃康有为乘变法之际，阴行其悖逆之谋，是翁同龢滥保匪人，已属罪无可逭。其余陈奏重大事件，朕间有驳语，翁同龢辄怫然不悦，恫喝要挟，无所不至，词色甚为狂悖，其任性跋扈情形，事后追维，殊堪痛恨！前令其开缺回籍，实不足以蔽辜。翁同龢著即行革职，永不叙用，交地方官严加管束，不准滋生事端，以为大臣居心险诈者戒。"后党还编造了所谓"翁门六子"，企图进一步加以迫害，铲除异己。所谓"六子"，指汪鸣銮、志锐、文廷式、张謇、徐致清、张元济等人，说张謇虽不在京师，但隐与为敌，与康、梁也有关系。由于形势日益严峻，翁同龢由城内移居到城外鹭鸶峰下，筑一简易的小院落，取名"瓶隐庐"，自号瓶庐居士，盖取守口如瓶的意思。又在屋旁挖了一口井，随时准备"自裁"之用。这期间，他写过一首《自嘲》诗，诗中叙述了他被革职编管、清贫戚戚的生活：

松禅先生真贱儒，半生出入承明庐。黄金横带紫绶纡，谓非干禄谁欺乎？忽然被放归里间，所在编管如囚拘。家无薄田输官租，又无一椽安厥居。鸡栖斗室常沮洳，革履滑沓衣被濡。蚊虻虮虱蝇蚁蛆，扑缘竟夕肤不舒。今年大水起两湖，豫章宣歙连杭衢，浸淫漾衍来吾虞。吾虞北江南具区，形势污下底釜如。况挟盲风怪雨俱，田荒屋破民其鱼。先生虽贫乐有余，案有笔研架有书。

奈何只知谋一躯，皇天鉴物无私储。汝篋名碑好画图，兼有古稽施注苏。胡不以之易贝珠，亦足数辈厄赢扶。坐视戚戚何其愚，嗟哉先生真贱儒！

1904 年 7 月 4 日，翁同龢病危，临终之前，他向守候在身旁的亲属口占一诀："六十年中事，伤心到盖棺；不将两行泪，轻向汝曹弹。"是日夜，这位饱经忧患、阅尽沧桑的老人溘然长逝。

1908 年，光绪帝和西太后相继去世，3 岁的溥仪接替皇位，由其父载沣监国。经诸大臣奏请，皇帝允准"翁同龢著加恩开复原官"，后来又补谥号曰"文恭"。

（5）从状元到爱国实业家——张謇。张謇（1853～1926 年），字季直，号啬庵，晚年自号啬翁。江苏通州（今南通）人。光绪二十年甲午科状元，授修撰。未几父亡，丁忧回籍，后来参加了许多政治活动，表现出了巨大爱国热情，但一直不愿到朝廷为官。平生的主要精力，是用于兴实业、办学校及建设地方自治上，在全国产生了巨大影响。

张謇的生平经历十分坎坷。其祖父名朝彦，因穷困潦倒而入赘吴圣揆家。父亲名彭年，朝彦为履行入赘之约，命彭年兼祧吴氏。彭年有五子，张謇行四。因兼祧，进书塾时取名吴起元，直至五弟出生后始还本姓。张謇 15 岁到如皋小考，因冒籍曾改名为张育才，24 岁才最后改名为謇，字季直，取直言之意。张謇出生的时候，已经是第一次鸦片战争后十多年，张彭年的家庭经济情况也有所改善。在几个孩子中，张謇比较聪明，自幼便得到读书的机会，入邻塾学习。10 岁已经读完《三字经》、《百家姓》、《神童诗》、《酒诗》、《鉴略》、《千家诗》、《孝经》、《大学》、《中庸》、《论语》、《孟子》、《诗经》等书。乡村塾师无非令学生死记硬背，教属对不讲究四声，甚至连平仄声也不区分。张彭年深知自己这样的小户人家若想提高社会地位，只有命子弟走科举入仕这条道路，所以在张謇 11 岁那年，他咬紧牙关，另请一位宋先生来家教读。这位宋先生是位 50 多岁的老秀才，他检查张謇弟兄的学业，发现"音训句读多误"，命他们从《大学》、《中庸》、《论语》、《孟子》开始，尽换新课本重读。有时结合《三字经》、《四字鉴》、《千家诗》讲些历史故事，教属对则授以四声。张謇的学业有所进步，又读了《诗经》、《尚书》、《易经》、《孝经》、《尔雅》、《礼记》等书，学习作五七言诗、试帖诗，到 13 岁那年居然能"制艺成篇"了。有一天，有一个武官骑了一匹白马从大门外走过，宋先生随口出一个"人骑白马门前去"的 7 字对，张謇不假思索就对了"我踏金鳌海上来" 7 个字，先生大喜！南通旧俗，家庭三代均无人入学为生员者，称之为"冷籍"，子弟应试往往要受到学官与保人相互勾串的多方勒索。张謇的家庭自然属于"冷籍"，为避免入场前后的种种刁难敲诈，经他人介绍冒充如皋人张驹的孙子，并改名张育才到如皋应试，虽然考中秀才，但张驹不断索要酬谢，其他乘机敲诈者亦纷至沓来。后来，由于地方官的帮助，几经周折、几经磨难，直到同治十二年（1873

年）才经礼部核准"改籍归宗"，了结了这场"冒籍"风波。张謇苦学的情况十分感人，这里录一段其子张孝若在《南通张季直先生传记》中的回忆，以见一斑：

讲到我父苦功读书，真是不容易呀！我父十六岁起去考州试，名次取在一百以外。同时有一范先生当世，是我父的朋友，取在第二名。回书塾以后，先生大为呵责，说："假使有一千人去考，要取九百九十九人，只有一个人不取，就是你！"我父听了，非常的难过；于是在塾中窗格上、帐顶上，没一处不写九百九十九五个字；睡的时候，并且用二根短青竹头，拿辫子夹住了，只要头一动，身子一翻转，辫子牵动头皮，立刻就醒了；一醒以后，不管天亮不天亮，就爬起来读书，又处处看见五个大字，不由得不感伤落泪，也不觉得什么疲倦了。到了第二年，十七岁去考，我父名次取在前列，范倒反落后了。

塾中一到夏天，蚊子多得很；我父每夜点了一盏油灯，写字读书，桌子底下的两只脚，差不多做了蚊子的饭菜，个个不住嘴地大吃特吃；我父弄得苦不胜言，后来想得一法，搬了两只空坛子，摆在桌子底下，拿两只脚伸进坛里去，蚊子就没法来侵扰了。

科举的时代，城里人总是看不起乡下人；等到学使临试的时候，五属的士子，都云集城中。有钱绅士的子弟预试，及已充廪生的，没有一个不是华服翩翩，自顾不凡。我父夏天只有一件旧沉香茧袍，羽毛青套；冬天只有一件棉套，也不觉得难为情。进场的时候，常常立在试院门外石狮子前，不轻与人谈笑。我父心里想："穿的绸儿缎儿，有什么用处？要考得好才算是光荣得意。"每回发榜，我父总是第一名。

张謇自从 15 岁考中秀才，前后经过 17 年断断续续的试场折磨，直到 33 岁才取中举人。此后他在光绪十二年、十五年、十六年、十八年先后 4 次参加礼部会试，结果都名落孙山。考试一次又一次的失败不能不使张謇灰心丧气，并对空洞陈腐的八股制艺感到厌倦。但是在朋友的规劝下，他重鼓勇气，终于在光绪二十年中甲午科状元，时已 42 岁。所以张孝若记述说：

> 我父从小考到大魁，共总经过县、州、院试，岁科试，优行试，考到录科等试。以及乡试六次、会试五次、殿试一次。（各处考书院，还不在内。）一齐算起来，在场屋里边有一百六十天。凡考取的不算外，考到第一名，共有九次。（光绪十一年中南元，虽然是第二名，但是南边人算第一名。）考在前十名上下，有七次。时间不可算不长，而苦工也用得着实不少。虽然科举功名的得失，不一定是货真价实，然而有一分本事出一分货，还是考试制度的长处！
>
> 我父做八股，是用过苦功的，他的观念，本

来认科举制度所造成的结果，不是出循规蹈矩的臣子，就是出迂而且腐的书呆子。凡治国大计，做事道理，在这里边决找不出来，也生不出来。但是他看到世人那样的尊重宝贵这状元的头衔，所以他立志要拿到自己的手里，可是这只手拿到，那只手就丢掉了。完全是拿他当一个做事对外的招牌，不是拿他当一种职业。

光绪二十年（1894 年），张謇到京师参加礼部会试，取中第 60 名贡士。四月二十二日殿试，翁同龢、张之万、李鸿藻、麟书等 8 人为阅卷大臣，翁同龢说："得一卷，文气甚老，字亦雅，非常手也！"二十三日他与李鸿藻等人商议，结果除张之万以外其他阅卷大臣都赞成把他选中的试卷定为前 10 名中的第一名。二十四日，阅卷大臣捧前 10 名试卷进入乾清宫西暖阁，由麟书按事先议定的名次拆除弥封，并逐一奏陈姓名，第一名果然是张謇。翁同龢向光绪奏言："张謇江南名士，且孝子也。"皇帝甚为高兴。因此，翁、张二人有了深厚的师生之谊，政见也极相近。甲午战争爆发前后，张謇在京师政坛上十分活跃，是帝党首领人物翁同龢的积极支持者。翁、张曾策划推倒主和派头子李鸿章，当时翰林院有 35 人上《请罪李鸿章公折》，张謇则单独上《推原祸始防患未来请去北洋折》，流传一时。张謇指责李鸿章不仅一贯主和卖国，而且还一贯败坏和局。他呈劾道："直隶总督李鸿章，自任北洋大臣以来，凡遇外洋侵侮中国之事，无一不坚持和议，天下之人，以是集其诟病，以为李鸿章主和误国。而窃综其前后心迹观之，则二十年来坏和局者，李鸿章一人而已。""试问以四朝之元老，筹三省之海防，统胜兵精卒五十营，设机厂、学堂六七处，历时二十年之久，用财数千万之多，一旦有事……曾无一端立于可战之地，以善可和之局，稍有人理，岂无痛心？"他最后请求："另简重臣，以战求和。"此后战事节节败北，帝党无所作为，西太后、李鸿章割地赔款，签订《马关条约》。张謇悲愤万分，他在祭奠父亲的祷文中自我谴责说："徒为口舌之争，不能死敌，不能锄奸，负父之命而窃君禄，罪尤无可逭也。"从光绪二十一年到二十三年，张謇在家守父丧之制。作为一个开明士绅，他一方面在家乡积极兴办实业，一方面密切注视正蓬勃兴起的维新运动。当时，京师的翁同龢倡导和支持在京成立强学会。光绪二十一年十月某夜，张謇收到上海发来的一份电报，内云："张状元，现与仲弢（黄绍箕）、长素（康有为）诸君子在沪开强学会，讲中国自强之学，南皮（张之洞）主之，刊布公启必欲得大名共办此事，以雪国耻，望速复。鼎芬蒸。"发电人梁鼎芬是张之洞的幕僚，也是张謇友人之一。张謇完全赞成自强雪耻，欣然同意列名发起，以后还把张之洞让他创办纱厂也看做是强学会活动的内容。不过，翁、张都稳健有余，思想中保守成分较多，他们认为维新派的行为过于"鲁莽"。张謇后来在《啬翁自订年谱》中回忆说："在京闻康有为与梁启超诸人图变政，曾一再劝勿轻举，亦不知其用何法变也。至是张甚，事固必不成，祸之所届，亦不可测。康本科进士也，先是未举，以监生至京，必遍谒当道，见辄久谈，或频诣见。余尝规讽之，不听。此次通籍，寓上斜街，名所居为万木草堂。往晤，见其仆从伺应，若老大京官排场，且宾客杂遝，心讶其不必然。又微讽之，不能必其听也。"可见他与维新派主将康、梁的旨趣作风还有差异。戊戌变法失败后，张謇在政治上渐趋消极和采取回避的态度。光绪二十九年张謇到日本考察，回国后开始主张君主立宪，并积极投身立宪运动之中。他吁请和推动各省督抚上奏朝廷，实行立宪。湖广总督张之洞和两江总督魏光焘请求立宪奏稿，就是由张謇主拟，后复推敲，十易其稿而成。1906年，上海成立预备立宪公会，公推郑孝胥为会长，汤寿潜、张謇为副会长，不久郑辞职，由张謇任会长。公会办有《预备立宪公报》，并出版不少普及立宪知识的读物向全国发行。1908年秋，张謇奉旨筹备江苏咨议局，该局成立时，他当选为议长。咨议局虽不具有议会的权力，但对各省督抚还是起了一些监督作用。当时波及全国的要求召开国会的三次请愿运动，也是在张謇的发动和倡导下展开的。1911年，清廷在各方面的强大压力下，不得不宣布将在1913年召开国会，并预行组织责任内阁。但这次成立的不过是个"皇族内阁"，假立宪的骗局暴露无遗，张謇对清廷日渐绝望。因此，辛亥革命爆发后，张謇毅然放弃君主立宪的主张，转向支持民主共和。他一度担任南京临时政府实业总长，不过他对袁世凯抱有很大幻想，误以为治理动荡时局，非袁莫属。1913年他到北京任熊希龄内阁农林、工商总长兼全国水利局总裁。1915年袁世凯阴谋推行帝制,张謇才最后与之决裂,辞职南下,继续在南通地区办理实业,并主持江苏的文化教育事业。

张謇科场夺魁以后,并不热衷于跻身达官显宦之列,而是返回故乡,兴实业,办教育,探索救亡新路。其原因何在呢?他儿子张孝若在《南通张季直先生传记》中对这个问题有一段明白晓畅的说明:

> 中国人自古以来有二条路应该走的:第一条路是科举,科举最高的目的是状元,第二条路是做官,做官最高的目的是宰相。所以在中国有一个最隆重的联属名词叫"状元宰相"。大凡人走完了第一条路,就该赶紧走第二条路,假使第二条路再走完了,那就名满天下、荣宗耀祖了。我父点了状元以后,论理他该照历代相沿的足迹走,努力再走完这第二条路,岂不是好。可是他竟没有去走,偏偏要去开辟另一条新路走。其中有许多原因,也就是开辟这新路的动机:第一我父在光绪二十年点元以后,不到几时祖父就去世了;那时我父精神上感受了异常的刺激,对于名场的欲望,自然就低下来。第二看看中国国势,一天比一天的危迫下去,朝局用人政事,也是一天比一天的紊乱黑暗起来;就想到日本是一个小国,何以反走到中国前面去?他怎样强的?怎样救贫救弱的?因此就推想到要中国不贫不弱,救醒他起来,除掉振兴工商业,决没有第

二样办法。恰好通州家乡是个出产好棉花的地方，乡下人又是靠纺纱织布谋生过活的，就想到去开纱厂，既可以帮乡人想一条谋生的路，更可以自己纺纱抵制外货进来。第三大凡读书人，人家叫他"书呆子""书蠹头"都是形容读书人不灵巧不会做事的名称。我父一想偏偏不相信，一定要做一个能够自立能够做事的读书人；替向来的读书人出出气，争争面子。第四因为甲午那一年，我父在京好几个月。有一回看见太后从颐和园回到京城里，适逢大暴雨，地上的积水深了一二尺；大小文武百官，也有七八十岁年纪的老臣子，都跪在水里边接驾；上面的雨，先落到帽子上边的红纬缨，再从那里滴下来，滴到袍挂［褂］上，一个个都成了落汤鸡，还好像染了鲜红的颜色。那边太后坐在轿子里，连头回都不回。我父一看，心上就难过起来；觉得这种官，是有志气的人该做的么？还是回转去做老百姓罢！因为这几层缘故，所以我父就下了决心，不要做官了。就振作他的精神，来开辟他的第三条新路。

张孝若罗列了四个方面的缘由，归根结底，是因为《马关条约》签订以后，国势日蹙，张謇感到欲挽救国家之危亡，非要走发展近代实业和近代教育的道路不可。由于传统文化的熏陶和现实生活的教训，张謇极其重视教育问题，他认为："立国由于人才，人才出于立学，此古今中外不易之理。"但是兴学校需要大量经费，这又不得不仰赖于实业，故曰："实业与教育迭相为用。"

他给自己规划的道路是由办实业开始，进一步是发展教育，以提高民族素质，挽救国家的危亡。正巧在这时，即光绪二十一年底，总理衙门奏请各省设立商务局。首先奉命设立商务局并着手筹办纱厂的，是署理两江总督兼南洋大臣张之洞。张之洞便奏派张謇和苏州籍的陆润庠（同治十三年甲戌科状元）分别在通州、苏州设立商务局，并由他们主持在通州创办大生纱厂，在苏州创办苏纶纱厂。这就是当时风传一时的"状元办厂"新闻。陆润庠历任乡会试考官、山东学政及国子监祭酒，这时正丁母忧，奉命总办苏州商务，兴办苏纶纱厂，还创办苏经丝厂。但不久后又返京供职。张謇筹建大生纱厂，前后经过 5 年的艰辛努力，终于使纱厂矗立于长江北岸，改变了这一地区经济、文化的面貌。为了解决工厂的原料来源问题，他又集资 14 万元，在荒凉的海滩上筑堤造田，创办"通海垦牧公司"，条件异常艰苦。工程由光绪二十七年开始，到了宣统二年，经过整整 10 年的艰苦创业，"堤成者十之九五，地垦者十之三有奇"，并且建筑了中心河闸、储物仓库、房屋堂舍，乃至开办了几个小学校，使昔日荒凉的海滨，出现了一个六七千人居住的大村落。张謇欣慰异常，作了一首《垦牧乡歌》："海之门兮芒洋，受有百兮谷王，辅南通兮江沄沄而淮汤汤，萃郁起兮垦牧之乡。我田我稼，我牛我羊，我有子弟，亦耒亦耜，而冠而裳。亿万兮井里，百年兮洪荒，谁其辟者南通张！"有学者统计，从张謇筹办大生纱厂起，至1926 年他逝世时止，大生纱厂发展为 4 个厂，拥有纱锭15.5 万枚、布机 1580 台，总资本 770 余万两规银。另外围绕大生纱厂还创办了大小 34 个企业，包括冶铁、机器、日用品、食品、交通运输、银行、码头、仓库、服务行业各类，原始资本估计约 600 万两规银。在苏北沿海各县，他还先后创办了 20 个盐垦公司，资本估计 1621 万元，圈地 4135 千亩，已垦地 980 千亩，年可产棉 11.6 万余担。工农业加在一起，形成一个庞大的大生民族资本集团。这种兴办实业的狂热，不能单纯以利润追逐来解释，它也体现了一个爱国者渴望国家早日臻于富强的心愿。

在发展实业的同时，张謇还努力兴办新式学堂，首先是致力于师范教育。他说："一艺之末，学必有师，无古今中外之通义也；况图国家强立之基，肇国民普及之教育乎！"又说："欲雪其耻而不讲求学问则无资，欲求学问而不求普及国民之教育则无与，欲教育普及国民而不求师则无导，故立学校须从小学始，尤须先从师范始。"光绪二十八年（1902 年），张謇选择南通千佛寺旧址，筹建通州师范学校，前后用了 7 个月的时间。据张孝若回忆说："当时连极琐细的事，都是我父亲手办理的。在开学的前一个晚上，我父还和庶务宋先生在学生寝室外边，宋拿了蜡烛照着，我父拿了锤子，在房门上边敲着挂名筹的钉，一直到下半夜才弄好。并且还亲自布置厨房和厕所，他说：'办学堂，要注意这二处的清洁。看学堂，先要看这二处是不是能清洁。'"张謇还作了一副楹联，悬于礼堂，表示了办学宗旨与殷切期望，联云：

极东西万国推崇为教育大家，先圣亦云，吾

学不厌，诲不倦；

　　合周秦诸子受裁于狂狷一体，后生有志，各
尊所闻，行所知。

光绪二十九年四月，通州师范学校正式举行开学典礼，
学校属于中级师范学校性质，主要培养小学教师。不
过老师和学生的水平都较高，最初聘请的一批教员有
著名学者王国维及日籍教师等共十余人，学生则多是
原来的贡、监、廪、增、附五方面的生员。当时废除
科举已是大势所趋，所以许多人纷纷转入新式学堂。
由此张謇非常自豪地说："夫中国之有师范学校自光绪
二十八年始，民间之自立师范学校自通州始。"由于他
所创办的通州师范是我国近代第一所专设的师范学校，
故张謇为办学写的《通州师范学校议》等文中提出的
原则与措施，就成了中国近代官立、私立师范学校的
范本。有研究者统计，从 1903 年创办通州师范学校到
1920 年，张謇在通海地区先后开办了大学 1 所（筹
备）、专科学校 6 所、师范学校 3 所、中学若干所、小
学 315 所，另外还创办了博物苑、军山气象台、医院、
养老院、贫民工厂等社会事业和慈善事业。

　　近代史学家对张謇一生的褒贬不尽相同。汤志多的
评述是："张謇甲午主战，乙未入会，尝劝康、梁'勿
轻举'，盖立足帝党，与维新派旨意犹有别异。清季立
宪，謇游说请愿，致为论者所讥，然呼吁反帝，矢志实
业，亦民族资产阶级之足称者。"这是一家之言。我们
在这里需要强调的一点是，张謇之所以能在动荡变幻的

社会环境中适应时代的潮流，完成自己的转变，并做出一番开拓性的事业，是跟他善于吸收和发扬儒学思想中精华成分分不开的。作为一名由科举制度出身的封建士大夫，张謇自幼就受着传统封建文化的教育与熏陶，因此，他终生推崇孔子，信服儒家学理。但是，他反对把孔子宗教化，反对宋儒的空谈心性，也鄙视一味地追求功名利禄、荣华富贵，他强调研究学问要经世致用，强调儒者要以天下为己任。张孝若说："我父对于明末清初的朴学理论和行事，都十分推重，认为'学问固不当求诸冥想，亦不当求诸书册，惟当于日常行事中求之'（颜习斋先生语），适合了他的见解。认定读书人的责任，决不是读几句书，做几篇文章就算了事。要抱定'天下事皆吾儒分内事，吾儒不任事，谁任事耶'（颜先生语）的一种气概。所以认为朴学是讲真理实用，确能回复儒理的本真，扫除道学的虚顽。凡是读书人，都应该望求实用的这条路上走。"这番话，应说是比较贴切地反映了张謇的思想基础。另外，我们还要说的一点是，忧国忧民的拳拳爱国之心，也贯穿在张謇的一生之中，不论政局如何变化，国势如何衰微，他期望国家日渐富强的赤子之心始终未泯。

从光绪二十一年辞官回籍，到民国十五年（1926年）逝世，张謇以非凡的毅力和坚韧不拔的精神，脚踏实地办实业，使南通由荒僻小县变为繁荣的工商业都会，南通父老无不对他感激备至。在张謇逝世时，送葬者成千上万，沿途驻足观望的市民有数万之众，男女老幼皆垂涕悲悼。

五 年龄状况与文物传说

 状元的夺魁年龄与平均寿命

夺魁年龄指中状元时的年龄。唐代至元代状元的夺魁年龄，尚无人作专门统计。周腊生在《明代状元奇谈、明代状元谱》一书中，统计出明代 65 名状元的夺魁年龄（见表 5－1）。

表 5－1　明代部分状元夺魁年龄

年龄组	人数(人)	百分比(%)
20～29 岁	23	35.38
30～39 岁	31	47.69
40～49 岁	7	10.77
50～59 岁	4	6.15

从表 5－1 可见，以 30～39 岁年龄段中状元者居多，接近一半。65 人的平均夺魁年龄为 33.92 岁。明代最年轻的状元是黄宏，20 岁中式；最年老的状元是安徽省的唐皋，59 岁中式。

清代 114 名状元中，目前有 66 人的夺魁年龄可以查考出来（见表 5－2）。

表 5 – 2   清代部分状元夺魁年龄

年龄组	人数（人）	百分比（%）
25 岁以下	4	6.06
26 ~ 35 岁	34	51.52
36 ~ 45 岁	23	34.85
46 ~ 55 岁	4	6.06
55 岁以上	1	1.51

由表 5 – 2 中可见，清代状元中，26 ~ 45 岁考中者最多，占 86.37%。平均中状元年龄为 35 岁。在 66 名状元中，夺魁年龄最小的是于敏中和戴衢亨，均为 24 岁；年龄最大的是王式丹，59 岁。

在考察中状元的年龄时，有 3 个问题可资探讨。

（1）智力发展的最佳年龄区与最佳年龄问题。以现代科学的观点而言，所谓智力，是指人认识客观事物及掌握知识技能并用其阐释说明或实际解决有关问题的能力。影响人的智力的因素，有文化知识水平、年龄发展阶段、实践锻炼机会等。智力的发展与年龄的阶段是密切相关的。一个人的记忆力，在青年时达到最高点，往后随着年龄的增加而逐渐衰退；而一个人的理解力，却随着年龄的增长而较持续地提高。这样，在一生之中，总有一个记忆力方兴未艾，而理解力运若转轴的时期。这就是智力发展的"黄金时代"，或者称"最佳年龄区"。有人统计了古今中外 1249 名杰出的科学家和发明家，他们共作出 1928 项重大科学技术发明和创造，如按其作出重大创造那年的年龄做成统计曲线，可以显示出最佳 年龄区段。结果表明，千余位杰出的科学家和发明家作出重大贡献的最佳年龄区在25~45岁之间，最佳峰值年龄在37岁左右，而首次作出贡献的最佳成名年龄为33岁左右。

将这些统计跟我们前面所作的对状元成才年龄的统计做一比较，不难发现，它们之间有惊人的相似之处。可见它们所反映的，是人类智力发展的普遍规律。

因此我们说，26~45岁是清代状元科举应试的最佳年龄区，80%以上的人是在此期间夺魁的。这也是中国古代知识阶层的最佳年龄区，是精力最旺盛、最容易获得成功的时期。45岁以后，智力一般就逐渐衰退，这不仅与人脑的生理因素有关，与整个身体条件也有关。像王式丹那样在59岁中状元的，实属凤毛麟角。

我们还可以说，35岁是考中状元的最佳峰值年龄，也是中国古代知识阶层的最佳峰值年龄。在这个年龄上，人的知觉与记忆、比较与判断、动作与反应速度等智力指标，均处巅峰状态。

（2）掌握中国古代文化典籍的难度问题。清代状元的平均成才年龄是35岁，而清代状元的平均寿命是多少呢？笔者统计是63岁。换言之，这些状元一生中半数以上的时间要用在接受启蒙教育、研讨经史典籍、增进书法技巧及掌握应试文字方面，代价是相当可观的。

为了便于比较，我们不妨看看自然科学人才的情况。

人们通过对古今中外已故科学家寿命的研究，发现科学发明与创造者的最佳峰值年龄也约等于他们寿命年龄的一半。有研究者用《自然科学大事年表》所提供的 848 名已故科学家的材料，做出寿命分布曲线，结果表明，杰出科学家寿命分布曲线的峰值在 74 岁左右，这个寿命的人数所占比例最大，约占 30%。科学家的寿命与科学创造最佳年龄有很大关系。如果注意到科学创造最佳年龄曲线的峰值为 37 岁左右，那么科学家寿命分布曲线的峰值年龄约等于最佳峰值年龄的两倍。换句话说，科学家的智力高峰是在生命的"中午"前后。

但是我们知道，社会科学方面的情况有些不同。自古以来的普遍现象是：社会科学人才比自然科学人才的最佳年龄要迟许多。因为对社会科学人才既要求有足够的知识积累，又要求有相当的理解力；既要有书本知识，又要有生活阅历。特别是中国古代知识阶层，他们在掌握传统文化典籍方面，面临两个特殊的难处，负担格外沉重。

第一个难处是汉字历史悠久，结构复杂，不易掌握。世界上大多数国家使用的是拼音文字，即表音文字，用字母表示语音，极便利于学习和使用。汉字是世界上最古老的文字之一，已有 6000 年左右的历史。它的缺点是，其造字原则从表形、表意到形声，一个字一个音节，绝大多数是形声字。一个字一个形体，不是看了形就能读出音，也不是读出音就能写出形，看了形和读出音也未必就能懂得它的意义。这就给学习和使用汉字造成很大负担。

有人统计，中国常用汉字有 5000～8000 个。古代文献使用的汉字更多，收在《康熙字典》里的汉字有 4 万多个。我国汉代以后，称研习文字之学为"小学"，是进学者必修的课程，它包括文字学、训诂学、音韵学，即需要通晓汉字的字、形、义，研究词汇、语法、修辞，辨析字音中的声、韵、调。没有这方面的功力，要想棘闱高中与从事著述都是不可能的。

第二个难处是中国文化历史典籍浩繁，掌握起来费时费力。这也是清代状元成才年龄为 35 岁的一个重要原因。

（3）八股时文虚耗精力。清代读书人往往从十二三岁以后就开始学习八股文，因为它是科举考试中最主要的文体。

平心而论，明代初年制定作八股文格式之际，立意未尝不善。这种文体将经义、策论、诗赋融合在一起，能在一篇六七百字文章内，既考察应试诸生对儒家经典的熟悉程度，又考察他们的文词表达能力，使考官能较迅速地判断应试人的水平，以定取舍。八股文是封建时代一种规范化、标准化的试卷模式，它作为科场考试的专用文体，沿用 500 年之久，不是偶然的。但是，世上没有无弊之法。八股文行之愈久，弊端愈多。清代读书士子为了研习时文制艺，获取功名，往往要耗用许多宝贵年华，这是造成清代状元成才年龄为 35 岁的另一个重要原因。

这种时文制艺，掌握起来费时费力，登仕后又全然无用；更有一味抄袭墨卷房行，舍弃根本之学，心术变坏者。故明清时期许多有识之士，对它进行过猛烈抨击。在许多笔记小说里，也将其弊端暴露无遗。清代状元与万千举子曾为此而呕心沥血，着实令人扼腕叹息。

了解状元的寿命问题是很有意义的。它有助于我们了解成才的最佳峰值年龄处于一生中的什么区段，也能使我们统计出从政时间在一生中所占的比重。

据周腊生统计，明代 89 名状元中，现已知其生卒年的有 61 名。这 61 名的平均寿命为 60.3 岁（见表 5－3）。

表 5－3　明代状元寿命

年龄组	人数（人）	百分比（%）
80 岁以上	6	9.84
70～79 岁	12	19.67
60～69 岁	16	26.23
50～59 岁	11	18.03
40～49 岁	13	21.31
30～39 岁	2	3.28
20～29 岁	1	1.64

周腊生还指出，若将明代 276 年平均分为 3 段，前期（1368～1460），知道年龄的有 19 人，平均寿命为 54.74 岁；中期（1461～1552），知道年龄的有 23 人，平均寿命为 63.17 岁；末期（1553～1644），知道年龄的有 19 人，平均寿命为 62.63 岁。显现出两头低中间高的情况，这是由于中期政治较稳定，经济较发达，因而人民生活也较为安定的缘故。

清代状元，据笔者考察，有 67 名状元的寿命可以查出，其情况见表 5 – 4。

表 5 – 4　清代状元寿命

年龄组	人数(人)	百分比(%)
30 ~ 40 岁	4	5.97
41 ~ 50 岁	8	11.94
51 ~ 60 岁	16	23.88
61 ~ 70 岁	17	25.37
71 ~ 80 岁	11	16.41
81 ~ 90 岁	11	16.41

以上 67 名状元中，寿命最短的是邹忠倚，32 岁；寿命最长的是张之万，87 岁；平均寿命是 63.3 岁。

关于清初状元的寿命，王士禛在《池北偶谈》中有这样一段议论：

> 国朝状元，多不永年，中间惟丙戌傅阁学以渐、丁亥吕阁学宫大拜卒。己丑刘修撰子壮、壬辰邹修撰忠倚、戊戌孙修撰承恩、辛丑马侍读世俊，皆不数年而殁，岂气数为之耶？孙修撰之殁世祖章皇帝深悼惜之，赐白金三百两归其丧，盖旷典也。

《池北偶谈》是一部很有价值的笔记，成书于康熙中期，因此作者所说的，只是清代前期的现象。傅以渐、吕宫皆累官至大学士，古代称授宰相职为"大拜"，故说他二人"大拜卒"。刘子壮是顺治六年己丑科状元，夺魁后 3 年卒，年 44 岁；邹忠倚是顺治九年壬辰科状元，夺魁后 2 年卒，年 32 岁；孙承恩是顺治十五年戊戌科状元，夺魁后未几卒；马世俊是顺治十八年辛丑科状元，夺魁后 5 年卒。故王士禛说他们"皆不数年而殁"。据笔者不完全统计，康熙年间以后，还有几人也是中状元未几或从政不久即去世的：庄培因是乾隆十九年甲戌科状元，夺魁后 5 年卒；吴锡龄是乾隆四十年乙未科状元，夺魁后 1 年卒；汪如洋是乾隆四十五年庚子科状元，登仕 10 年，40 岁卒；陈沆是嘉庆二十四年乙卯科状元，夺魁后 7 年卒，年 42 岁；陈冕是光绪九年癸未科状元，登仕 10 年，35 岁卒。粗略地说，有清一代的状元中，有 10 人左右是抢大魁后不足 10 年便去世的，他们的政绩自然不显著。

　　不过，清代状元寿命在 60 岁以上者也不算少，目前所知有 39 人，占 67 人的 58%。其中有 11 人还年过80。有研究者介绍说，清人的长寿现象较过去历代都为突出。以皇帝而言，康熙帝玄烨在位 61 年，享年 69岁；乾隆帝弘历在位 60 年，享年 89 岁。在宰辅一级的重臣中，寿至 90 岁以上的有 3 人，寿在 80~86 岁的有 45 人，其中如王杰享年 81 岁，张之万享年 87 岁。部院大臣一级中，活到 90 岁以上的有 6 人，80~89 岁者有 61 人，其中潘世恩享年 86 岁，孙家鼐享年 83 岁，陈惪华享年 83 岁。

　　简言之，清代虽有几名状元过早去世，但总的来说，一般人的年龄及他们的平均寿命是正常的。

有关文物与传说

关于历代状元的文物传说，不胜枚举。有关于宿命论和因果报应的，有关于个人兴趣爱好的，有关于风流韵事的，有关于遗存文物资料的。限于本书篇幅，仅举些清代状元的文物传说，以见一斑。

直接与清代科举与状元有关的文物，留存到今日的，如北京的贡院街、太和殿、保和殿、国子监、进士题名碑和各地状元的故居、牌坊、墓葬，以及大小金榜、殿试对策卷、书画真迹，等等，都是重要的实物资料。有关状元的笔记小说及轶事趣闻，为数亦是不少。

京师的贡院和"状元吉寓" 清制，会试的地点在贡院。因为来京举子人数众多，贡院附近有不少公寓供租用，京师的商业也因乡试、会试而愈加繁荣。邓云乡在《燕京乡土记》中详述了当时的情况：

　　明清两代，科举考试制度更加完善，各省会都建立了贡院，北京同样也建立了贡院，所不同者，各省贡院是每隔三年秀才考举人的试场，而北京的贡院，则既是顺天府考举人的试场，又是全国举人会试进士的试场……

　　当年各省的贡院，都是一所十分庞大的建筑物，要容纳上万人在里面考试。北京的贡院，在东城墙观象台北，本是元代礼部的旧址，明永乐时改建为贡院，万历时及清代几次加以扩充，范围越来越大，分成内外两部。内部称"内帘"，包括考试官员办事的大堂，阅卷官的房舍，以及抄写卷子"抄手"的房舍。还有最重要的是考生的"闱号"房舍，即在一所大礼堂般的房子中，再隔成许许多多小房舍。因为当年考试，进一次考场要在场中过两夜，这个叫作"闱号"的小房舍，不是只供写字作文，还供睡觉。所以每个小房舍相当一张双人床般大，房内砖铺地，还用砖砌一个小方台，考生在砖地上摊开被褥，晚上睡觉，白天用小砖台当桌子写字作文章。贡院中要有上万个这样的小房间，光绪八年（1882 年），"壬午科"入闱人数一万六千多人，闱号不足，后来又经添建。试想：一个大厅中，隔成上万个小房子，岂非洋洋大观乎？过去看到过"贡院平面图"，密密麻麻，全是小方格，像一张"坐标纸"，又像是许多张稿纸接在一起一样，这张图在许多文献书上都曾印出过。

贡院是坐北朝南的大门，门前三座大牌楼，东西迎面各一座，匾额分别是"天开文运"、"明经取士"、"为国求贤"。周围有很高的砖墙。进大门不远就是二门，二门内叫"内帘"，二门外叫"外帘"，考试时二门从里面锁起来，内外隔绝，谓之"锁闱"。二门内有明远楼，四角有瞭望亭，后增为六亭，考试时有士兵看守瞭望，其戒备森严，几乎像现代监狱了。但是几百年来的绝大多数的大官吏、大学者、大诗人……都是由这个地方考出来的，是一处有关中国历史的极重要的古迹，可惜原建筑在"庚子"之役被毁掉了。

在贡院附近，不少胡同都与贡院和科举考试有关系。首先胡同名就是关于举子考试的。如鲤鱼胡同，有鲤鱼跳龙门的意思。笔管胡同，举子作文章用笔，笔正心正，笔管条直。方巾巷，明代举子都戴方巾，来京会试，在京买顶方巾戴。科举时代，遇到会进士的年份，全国士子都来北京，所谓"公车"入都会试，因为是公家提供交通工具。到京之后，都住在东单一带，是十分热闹的。附近胡同中有空房的，都贴红帖出赁考寓，叫作"状元吉寓"。做买卖的也借此机会，样样涨价大赚其钱。《京都竹枝词》有诗道："缎号银楼也快哉，但能管事即生财，休言刻下无生意，且等明春会试来。"诗后注云："京师买卖，逢乡会试年尤觉茂盛。"可以想见其盛况。

清代状元书扇　在折扇上写字作画，挥洒翰墨，始于明代成化年间。扇面虽小，但盈尺之中自有天地，名人雅士在其上精心作书作画，成为一种特殊的艺术形式，是我国艺术宝库中的珍品。在折扇上挥洒，取得理想的效果并非易事，不但章法很难安排，而且纸面高低不平，难以运笔。明代祝枝山就比喻说，在折扇上写字，就如同是让舞女在瓦砾堆上跳舞一般。但是熟能生巧，一旦掌握了它的特性，尺寸之间能产生另一番情趣。人们对于名家的书扇，在小心翼翼地使用过一段时间以后，往往就将扇骨和扇面拆开来，分别保存。扇面多被装裱成平面册页，但也有不装裱的，称为"成扇"。

我国近代著名画家、收藏家吴湖帆先生，自青年时代起便收集清代状元的书扇册页。起初，他以为清代状元书扇距时还近，流传较多，只要稍行物色，不难成为全璧，岂知事情没有想象的那样简单。他曾亲自恳请当时还在世的南通状元张謇和直隶状元刘春霖为之书写扇页，还登报征求，托亲友搜罗，有的以高价收购，有的以古旧书画互易，还有的是用自己的书画作品进行交换。当他从收藏家钱镜塘处得到江苏嘉定（今属上海）状元王敬铭（字丹思）的书扇时，欣慰之至，亲笔在该书扇空白处写道："余集清代状元书箑20余年……所见独王丹思殿撰，皆画山水，欲觅其书，竟未获遇。今由钱镜塘兄物色得此见赠，洵胜百朋之惠，志感。"于此可见收藏家甘苦之一斑。吴湖帆先生经过二三十年的收集，终于得到清代状元书扇72幅。他将其装帧成一册，引首是张謇行书"超超元箑"4字，册末是刘春霖的题诗。在这组状元书扇中，有清代第一科状元傅以渐用行草书写的七言诗金面扇，也有最后一科状元刘春霖用楷书书写的七言诗扇，前后相距250余年。能将如此之多的状元书扇收集一处，是十分难能可贵的。这本书扇册页，可说是一件名贵的历史文物。

这组状元书扇的特点是，以诗词歌赋为内容，注重书法艺术，正、草、隶、篆皆有，风格各异。江苏常熟状元汪绎的行书七言诗，有"天气妍和水色鲜，闲吟独步小桥边"之句，诗意清新，书法清秀，属赵体小行书，柔润潇洒，外柔内刚。吴湖帆对这幅书扇的书法评价很高。苏州状元彭启丰的小楷长诗，借诗抒怀，诉说了他的书生本色。如云："秋灯夜雨流萤度，爱听犀枰落子声。惯写徐熙落墨花，柳丝桃缓吐荣华……富贵不教夸异种，风光同在野人家。"明言才华之士不尽出于富贵人家。常熟状元翁同龢，临魏碑"舍百郜则鹏击龙花，悟无生则凤生道树，五道群生咸同斯庆"。他书学褚遂良、颜真卿，魄力奇伟，晚年尤工汉隶北魏笔法，为清代书家第一。这幅扇面是他被放归里后所写，更显得苍劲雄迈。

绝大多数扇面是一人写一幅。但有两幅难得的合写书扇，分别由两科状元和五科状元写成。两科状元合写的一幅行书金面扇，由浙江状元金德瑛和广东状元庄有恭所书。五科状元合写的一幅行楷金面扇，由苏州状元潘世恩（乾隆五十八年癸丑科）、河南状元吴其濬（嘉庆二十二年丁丑科）、浙江状元朱昌颐（道光六年丙戌科）、福建状元林鸿年（道光十六年丙申科）、浙江状元钮福保（道光十八年戊戌科）5 人同书，他们蟾宫折桂的时间，相距 45 年，潘世恩书写这个扇面时年已 78 岁。老少五科廷试首冠之士同书一扇，可谓绝无仅有，亦是珍贵的文物。

在这些状元书扇中，有两幅是"连中三元"的书扇，是苏州的钱棨和广西的陈继昌，写的是行草扇面。

还有 4 对祖孙、叔侄状元所书的扇面，亦为难得。这 4 对是：苏州陆肯堂（康熙二十四年乙丑科）和七世孙陆润庠（同治十三年甲戌科）；苏州吴廷琛（嘉庆七年壬戌科）和侄子吴钟骏（道光十二年壬辰科）；常熟翁同龢（咸丰六年丙辰科）和胞侄翁曾源（同治二年癸亥科）；苏州彭定求（康熙十五年丙辰科）和孙彭启丰（雍正五年丁未科）。这 8 人的手书扇面，汇于一册，也很难得。

20 世纪 50 年代，吴湖帆先生将自己精心收集的清代状元书扇捐献给了当时的苏州市文管会，还嘱咐了一个心愿：希望通过国家博物馆的征集收藏，能把这套尚未收全的扇面册，继续收集齐全。据龚建毅报道，苏州博物馆曾举办过"清代状元书扇展览"，引起了观众的很大兴趣。

张謇与南通博物苑　在江苏省南通市风光旖旎的濠河之滨，有座我国历史最悠久的博物馆南通博物苑。她从 1905 年始建已经有 90 多年了。其创始人就是中国博物馆事业的提倡者与首创者——张謇。

光绪二十九年（1903 年），张謇东渡日本参观设在大阪的博览会，同时考察实业和教育。在参观东京帝国博物馆后，受到了极大的启发。1905 年，他分别上书给清政府新成立的学部及张之洞，请求在京师创建"帝室博览馆"，并渐次推行于各省。他说："夫近东西各邦，其所以为政治，学术参考之大部以补助于学校者，为图书馆，为博物苑。大而都畿，小而州邑，莫不高阁广场，罗列物品，古今咸备。"当他的建议无人采纳时，他就下决心亲自动手，在南通创办博物苑，这是当时上海、天津3所外国人办的博物馆之外，第一所由中国人自己办的博物馆。1905年年初，张謇决定为通州师范学校建设一个公共植物园，园址选在南通城外东南的濠河之滨，与通州师范隔河相望。后来又决定把植物园改办为博物苑。博物苑的主任，他选择了通州师范的优秀学生孙钺。此人在博物苑工作过30年，勤勤恳恳，精益求精，可以说把一生都献给了博物馆事业。

建成后的博物苑是一个大园子，其中用于陈列的是中馆、南馆、北馆3座主要建筑。中馆是3间平房，屋顶上有一露天的测候台，每天观测气候的状况，在当地报纸上登载。南馆为主要陈列室，是一座颇为别致的二层楼房。楼上陈列历史文物，楼下陈列动物、植物、矿物标本。二楼阳台大门两边，悬挂着张謇手书的一副有名的对联："设为庠序学校以教，多识鸟兽草木之名"。它概括了博物苑的宗旨：博物苑是普及知识、培养人才的机构，是学校教育的补充。北馆是五开间的二层楼房，主要是为了陈列一具鲸骨架而建。这鲸骨架长12米，发现在黄海之滨，由张謇所办的通海垦牧公司掘出送来。这一层还把苑中所藏化石一并陈列出来，形成了化石馆。楼上收藏书画、刺绣等艺术品。园内有饲养动物的兽室和各类鸟室，还有蜂房、温室花房及各种园林建筑。关于展品征集的范围，张謇提出要"纵之千载，远之异国"，"外而欧、美、澳、阿，内而荐绅父老，或购或乞，期备百一。"总之，从古到今、从国内到国外，他都广事收罗。到 1914 年，经过 10 年辛苦营筑，博物苑已经建成天然（自然）、历史、教育、美术 4 部。根据同年编印的《南通博物苑品目》记载，4 部藏品总共 2973 件。此后历年又有扩充，到 1933 年孙钺辞职时清点移交，藏品已增至 3605 件，据称价值不下 50 万元。

1938 年，日本侵略军占领南通，博物苑沦为日军的马厩，绝大部分文物、标本都散失或毁灭。抗日战争胜利时，博物苑已是一座满目荒凉的废园。1951 年修复后的博物苑改名为南通博物馆。1982 年，列为江苏省文物保护单位，南通市政府同时决定将毗邻博物苑的张謇故居"濠南别业"也划入保护范围。"南通博物苑"的原名也于 1984 年正式恢复。

京师和苏州的状元府第 清代状元皆授翰林院修撰之职，都是多年留居京师。不过，京畿内王公贵胄、达官显宦甲第连云，关于状元府第的记载自然就凤毛麟角了。

现在北京西城有个"群力胡同"，清初称为"麻状元胡同"，因顺治壬辰科满榜状元麻勒吉宅第在此，故名。后来麻勒吉改名为马中骥，胡同亦改为"马状元胡同"，又名"状元街"。1965 年更名为群力胡同，至今两侧多为平房住宅。乾隆癸丑科状元潘世恩在京时，其宅第先在宣武门外米市胡同，后来移居西单牌楼西虎胡同内原吴三桂及周延儒的住宅，后来改为一所中学。咸丰丙辰科状元翁同龢在京时，住在东单二条，《燕京乡土记》云："东单二条东口路北大门，是常熟

翁同龢的房子，有一个小小的花园，当年有名的访鹤
故事，就发生在这里。他养的一只仙鹤飞走了，他用
红纸写了'访鹤'二字，帖在街上寻找，很快被人揭
去了。他便又写出了一张，而连贴三次，接连被爱好
他字的人揭去三次。那年正是甲午年，是吴大澂打败
仗的时候，于是好事者编了一副对联：'翁常熟三次访
鹤，吴大澂一味吹牛。'这访鹤的房子，还有残存的遗
迹。"

　　苏州是闻名遐迩的文化古城，在历史上一直人才
荟萃。据黄尧志报道，1982年当地有关部门对苏州籍
状元及大学士的故宅进行了一次普查，已知道大致位
置的状元宅第有：康熙六年丁未科状元缪彤故宅在太
平桥之南；乾隆三十一年丙戌科状元张书勋的故宅在
枫桥；乾隆三十四年己丑科状元陈初哲的故宅在相门
狮子口酒仙堂东；乾隆四十六年辛丑科状元钱棨的故
宅在三元坊；嘉庆十三年戊辰科状元吴信中的故宅在
因果巷。已查明准确位置的状元宅第有：康熙十二年
癸丑科状元韩菼故宅在东北街；康熙十五年丙辰科状
元彭定求与雍正五年丁未科状元彭启丰是祖孙状元，
故宅在葑门内十全街；康熙二十四年乙丑科状元陆肯
堂及其七世孙、同治十三年甲戌科状元陆润庠的住宅
都在阊门内下塘；康熙五十一年壬辰科状元王世琛的
故宅在学士街；乾隆五十五年庚戌科状元石韫玉的老
宅在清嘉坊，新宅在金狮巷；乾隆五十八年癸丑科状
元潘世恩的老宅在马医科，新宅在纽家巷；嘉庆七年
壬戌科状元吴廷琛与道光十二年壬辰科状元吴钟骏是

堂叔侄状元,老宅在丁家巷,新宅在潘儒巷和古市巷;同治七年戊辰科状元洪钧的老宅在西支家巷,新宅在悬桥巷。这些状元府的建筑大多是二落五进或七进的大型建筑群,原来大门前的照墙和旗杆石基本上已损毁或残缺不全。建筑群基本保持原状的尚有石韫玉老宅,潘世恩新宅,吴廷琛、吴钟骏老宅和新宅,洪钧老宅和新宅等。这些建筑是宝贵的文化遗产,其规模之大,造型之美,体现着苏州古建筑的传统特色,有关部门十分重视对这批古建筑的整修、保护和管理工作。又据吴靖宇实地考察,洪钧在西支家巷内的老宅亦称洪状元府,结构为二落五进,仿明式门厅,大厅的梁架雕刻相当精细。洪钧在悬桥巷的新宅称洪祠,属苏州市古建筑保护单位,共四进,结构尚好,正堂高敞朴素,两庑装饰尚存,梁枋雕刻精细。宅旁有其妾傅彩云故宅,共七进,建筑迄今基本完整。潘世恩在马医科的祖宅布局为二落五进,三间大厅宽敞宏大,结构完好,砖雕门楼保存较为完整。潘世恩在纽家巷的府第位于城东。相传,潘世恩中状元乾隆召见时问及家住苏州何处,潘世恩信口回奏道:"在玄妙观东。"一言既出,顿觉失口,却又不便当即改正。为了免遭欺君之罪,他急忙带信给家中,叮嘱速购纽家巷凤池园故址为"状元第",以与"玄妙观东"之语相符合。现存纽家巷潘世恩府第,第一进为三开间门厅,第二进三开间厅,有一门楼已毁。东落第三进三开间大厅,大方砖铺地,门框原有"怀德惟宁"题款,第四进为三开间女厅。西落为苏州市目前仅存的平面呈纱帽状的"纱帽厅",面阔三间,东西山墙细砖贴面,梁枋和纱帽翅雕刻精细,厅后两隔厢。据载,太平天国英王陈玉成来苏州与李秀成共商军国大事时,曾下榻于此。咸丰年间,潘世恩又在蒋庙前构筑宅第,规模宏敞,今尚存主要建筑有抱厦花篮厅及鸳鸯厅。花篮厅原名"存诚堂",为三进五开间木结构宅院。花篮厅小巧别致,梁上两侧雕有精致的木雕花篮,故名。鸳鸯厅为一座二进三开间的庭院,厅前旧有花园,今尚存部分假山、亭子等。现为市级古建筑保护单位。石韫玉在清嘉坊的老宅,第一进已因拓展道路时拆除,现存二落五进,大厅宽敞,第四进门楼保存完整。原来也有纱帽厅,厅中悬有"清堂"匾额,现存有部分建筑。

可以做些补充的是,乾隆庚辰科状元毕沅任封疆大吏时迁居苏州,买下了著名的"慕家(巡抚慕天顺)花园"东半园,构筑"经训堂"和宅第。毕沅的九世传人毕玥年女士在20世纪50年代还在该处居住,据她忆称:"经训堂"府第坐落在苏州老城区阊门一带,正门面临景德路,后面是"慕家花园"。规模很大,前后有数华里。正门第一进是门厅,供看门人居住,很不起眼。越往里走,房屋越高大宽敞。记得第三进是一座高10米的楠木大堂,面积约有百余平方米,堂内柱子的直径有五六十厘米,地面是金砖铺地。这里是毕家供奉先祖牌位的处所,遇有丧事,可以容纳几十名和尚做法事。20世纪50年代初,她正值儿时,还见到大厅夹道里堆放着轿子及"肃静"、"回避"等仪仗器具。第五进是一座木结构的楼房住宅,二层高,前后有天井，天井里栽有夹竹桃、紫竹等。第六进或是第七进，就是当年毕沅精心构筑的"经训堂"了。"经训堂"高10米左右，双重翘脊大屋顶，十分气派。堂内高悬着两块巨大的金匾，一块是乾隆帝御笔"经训克家"匾，长有五六米，宽有一米多。"经训克家"4个字，每字足有一米见方。匾的四周，镂刻着几条腾飞的金龙，口衔宝珠，神态各异。另一块也是乾隆帝的御笔，上书一个"福"字，下面还有几个小字："赐故母张氏"。这是皇帝赐给毕沅之母张氏的，以表彰她教子有方。此匾约有3米长、1米多宽，四周也是龙凤戏珠雕刻。我们就住在"经训堂"大厅内，把厅内两侧隔成住人的卧室，中间还剩有几十平方米的空阔地面。"经训堂"旁边，是一座由江南式园林环绕着的书房，十分幽静典雅。"经训堂"后面，还有第八进、第九进宅院。整个府第由一条很长很长的通道走廊相连接，每进院落，都有一个很大的天井，种植着树木花草。出了后宅院，便是花园，有九曲小桥、湖心亭等等，湖水清澈见底。据老人讲，花园原来的面积很大，到我们这代时，还有几百平方米的湖水和一座小山呢！从60年代开始，这一片"经训堂"宅第开始改建为其他建筑，那块"经训克家"的巨匾，自然没有逃过"十年浩劫"。

灵岩山馆与毕沅墓 毕沅除了在苏州市内买下著名的"慕家花园"，建造"经训堂"及府第外，又于乾隆四十八九年间，在灵岩山南麓购地千余亩，构筑别业"灵岩山馆"及他本人墓圹。此地原来就是一处著名的园林——"水木明瑟园"，经过几年的营建，景观大变，远近闻名。这从一个侧面，暴露了当时封建官僚的奢华生活。

清人梁章钜（1775～1849 年）先后两度慕名游览灵岩山馆。道光初年第二次游览时，考悉颠末，历览甚详，事后撰《灵岩山馆》一文，内云："按山馆即在灵岩山之阳西施洞下，乾隆四十八九年间毕秋帆先生所购筑，营造之工，亭台之侈，凡四五年而始竣。计购值及工费不下十万金。至五十四年三月，始将匾额悬挂其头门，曰'灵岩山馆'。联云：'花草旧香溪，卜兆千年如待我；湖山新画障，卧游终古定何年'。皆先生自书，而语意凄惋，识者已虑其不能歌哭于斯矣。二门匾曰'钟秀灵峰'，乃阿文成公（阿桂）书。联云：'莲嶂千重，比日已成云出岫；松风十里，他年应待鹤归巢'。自此蟠曲而上至御书楼，皆长松夹路，有一门甚宏敞，上题'丽烛层霄'四大字，是嵇文恭公（嵇璜）书。忆昔游时，是处楼上有楠木橱一具，中奉御笔匾额'福'字，及所赐书籍、字画、法帖诸件，今俱无之。楼下刻纪恩诗及谢恩各疏稿，凡八石。由楼后折而东，有九曲廊，过廊为张太夫人祠。由祠而上，有小亭曰澄怀观。道左有三楹，曰画船云壑。三面石壁，一削千仞，其上即西施洞也。前有一池，水甚清冽，游鱼出没可数。中一联云：'香水濯云根，奇石惯延采砚客；画廊垂月池，幽花曾照浣纱人。'上有精舍，曰砚石山房，则刘文清公（刘墉）书也。嘉庆四年九月，忽有旨查抄，以营兆地（墓地）不入官，故此园至今无恙。"

灵岩山麓的毕沅墓，位于今吴县祥里村。1970年10月，南京博物院及当地人士发掘清理了毕沅墓圹。据发掘简报说，墓的封土南北长20米、东西宽11.5米、高1.6米，由于历年耕种，顶部平坦。墓身用坚固的浇浆构筑，外形呈馒头状，直径10米，最高处至圹底深2.4米。墓内构筑3个相连接的墓圹。毕沅及其妻汪德的两口棺具同居中间一圹，东西长3.1米、南北宽2.22米。南圹东西长2.98米、南北宽3.34米，并列放置棺具3口。北圹为2.98米的正方形，旋置棺具2口。墓圹、棺具均为东西向，中圹比南北两圹向后（东）凸出0.54米。7口棺具，除毕沅外均为女性。从墓葬形制和结构看，毕沅及其妻汪德为合墓，其余当是毕沅的5个陪葬的侧室。所有棺具均系楠木制造，毕沅棺具通体描漆卷草纹图案。棺具内有壅香黄泥和木炭，墓圹填满浇浆，封闭严密。

前后出土的随葬物品共计110件。这些随葬品，按其用途可分为冠带服饰、妇女头面首饰、玩物及生活日用品等，其质地则多为贵重的金银、珠翠、宝石和玉件。

结束语

　　科举取士制度在中国绵延存在了一千余年，斗转星移，现在已经成了历史的陈迹。但是，"状元"一词作为一个吉祥的字眼，透露着一种公平竞争和奋发图强的精神，一直流传和使用到今天。由此，广大读者自然也会对历史上的状元产生某种兴趣和猜想：有人会对他们抱有一种神秘感，认为只有家境优裕、天资非凡的士子才能独占鳌头；有人则会持轻蔑的态度，认为他们无非是吟哦八股时艺，毫无真才实学，完全是靠科场侥幸才博得功名。为了回答这些问题，需要我们做广泛深入的分析研究。这本小书，只是概述了历代状元产生的过程，迄今可考的近 600 名抢大魁者的姓名、籍贯、科分，择要介绍了一些廷试首冠之士的历史资料。从中可以看出，他们是怎样自幼刻苦努力，在科场中一步步竞奔，最后才脱颖而出的；也可以看出，在他们成才与登进仕途以后，在德行、政绩、学术及社会生活诸方面的实际表现与社会作用。

　　历史上也有不少状元政绩不显，史载甚寥。笔者还粗略考察了清代状元受到处罚的情况。他们登进仕途以后，受到严斥、降级、罚俸、革职、问罪、夺回世袭的为数也较可观。但受处罚的原因，绝大多数是由于徇情、隐忍、失察、误事造成的，绝少是因为道德沦丧、贪赃枉法、巧取豪夺、结党营私而被置以重典。清代已处于封建制度日益衰落的时期，我们不可能设想每个状元都是两袖清风、一身正气。但从史料来看，他们确实普遍相对地好些，相对地廉洁正直。究其原因，无疑是儒家思想长期熏陶，古代教育强调学问品行并重的结果。从这一点上，我们也可以明白，封建社会最高统治者为何总是孜孜不倦地从寒微之士和有才学的士子中甄拔人才，去充实和更新各级官僚统治集团。这就涉及了对科举制度的评估问题。齐如山先生是清末秀才，他写了一部回忆性著作，题为《中国的科名》。书中生动翔实地叙述了清代科考的典章制度，毫不留情地讥评了科举取士的种种弊端和令人啼笑皆非的丑闻，但是作者在该书的结论中，引据事实说明，对科举制度的优劣和历史作用要有恰当的评价与公正的认识。他说："其实我对从前的科举，不但不轻视，而且极端的恭维，他后来为有志之士所反对者，不是科举的方式，而是科举的内容，他的错处短处是不知变。"又说："兹先把我恭维他的原因，大略谈谈。从前不必说，就说明清两朝以来，由科举进士出身的人员，不知有多少万了，而大多数都是正人君子，像严嵩那样的败类，确是极少的少数，而两袖清风的宰相大臣，则时时有之，例如本书所说的王文端公杰，就是一个榜样……就说乾隆年间，这样的大

员也不少，贪财的多是旗人，如和珅之类是也。"他
说："由此可以证明，凡科甲出身之人，总是正人君子
较多，这有两种原因，一因科甲出身者，都读过经书，
书中有好的道理，读的多了，自然要受其感化。二是
从前考试办法很公正，贡院大堂之匾额写'至公堂'
三字，确有道理，固然不能说没有毛病，但确不容易。
在道光咸丰年间，也确曾出过弊病，但自柏葰一案，
把他问斩之后，以后几十年，一直到清末，总算没有
出过毛病，这足以证明，稍微认真，便不容易出弊，
更足见科举考试，是一种很好的制度。不过有极大的
一种短处，就是行之数百年而未能改动，永远以八股
取士。所以同、光以后，西洋科学传至中国，有许多
有志之士，才知道这种考试法是没有用的，便反对起
来。其实其错是考试的内容，不是考试的方式。"齐氏
的上述见解多是经验之谈与直觉判断，笔者不敢苟同
他的全部说法，但其基本见解有许多合理成分。对于
科举制度，确实需要我们重新加以审视。

结束语

《中国史话》总目录

系列名	序号	书名	作者	
物质文明系列（10种）	1	农业科技史话	李根蟠	
	2	水利史话	郭松义	
	3	蚕桑丝绸史话	刘克祥	
	4	棉麻纺织史话	刘克祥	
	5	火器史话	王育成	
	6	造纸史话	张大伟	曹江红
	7	印刷史话	罗仲辉	
	8	矿冶史话	唐际根	
	9	医学史话	朱建平	黄 健
	10	计量史话	关增建	
物化历史系列（28种）	11	长江史话	卫家雄	华林甫
	12	黄河史话	辛德勇	
	13	运河史话	付崇兰	
	14	长城史话	叶小燕	
	15	城市史话	付崇兰	
	16	七大古都史话	李遇春	陈良伟
	17	民居建筑史话	白云翔	
	18	宫殿建筑史话	杨鸿勋	
	19	故宫史话	姜舜源	
	20	园林史话	杨鸿勋	
	21	圆明园史话	吴伯娅	
	22	石窟寺史话	常 青	
	23	古塔史话	刘祚臣	
	24	寺观史话	陈可畏	
	25	陵寝史话	刘庆柱	李毓芳
	26	敦煌史话	杨宝玉	
	27	孔庙史话	曲英杰	
	28	甲骨文史话	张利军	
	29	金文史话	杜 勇	周宝宏

系列名	序号	书 名	作 者	
物化历史系列（28种）	30	石器史话	李宗山	
	31	石刻史话	赵 超	
	32	古玉史话	卢兆荫	
	33	青铜器史话	曹淑芹	殷玮璋
	34	简牍史话	王子今	赵宠亮
	35	陶瓷史话	谢端琚	马文宽
	36	玻璃器史话	安家瑶	
	37	家具史话	李宗山	
	38	文房四宝史话	李雪梅	安久亮
制度、名物与史事沿革系列（20种）	39	中国早期国家史话	王 和	
	40	中华民族史话	陈琳国	陈 群
	41	官制史话	谢保成	
	42	宰相史话	刘晖春	
	43	监察史话	王 正	
	44	科举史话	李尚英	
	45	状元史话	宋元强	
	46	学校史话	樊克政	
	47	书院史话	樊克政	
	48	赋役制度史话	徐东升	
	49	军制史话	刘昭祥	王晓卫
	50	兵器史话	杨 毅	杨 泓
	51	名战史话	黄朴民	
	52	屯田史话	张印栋	
	53	商业史话	吴 慧	
	54	货币史话	刘精诚	李祖德
	55	宫廷政治史话	任士英	
	56	变法史话	王子今	
	57	和亲史话	宋 超	
	58	海疆开发史话	安 京	

系列名	序号	书名	作者		
交通与交流系列（13种）	59	丝绸之路史话	孟凡人		
	60	海上丝路史话	杜 瑜		
	61	漕运史话	江太新	苏金玉	
	62	驿道史话	王子今		
	63	旅行史话	黄石林		
	64	航海史话	王 杰	李宝民	王 莉
	65	交通工具史话	郑若葵		
	66	中西交流史话	张国刚		
	67	满汉文化交流史话	定宜庄		
	68	汉藏文化交流史话	刘 忠		
	69	蒙藏文化交流史话	丁守璞	杨恩洪	
	70	中日文化交流史话	冯佐哲		
	71	中国阿拉伯文化交流史话	宋 岘		
思想学术系列（21种）	72	文明起源史话	杜金鹏	焦天龙	
	73	汉字史话	郭小武		
	74	天文学史话	冯 时		
	75	地理学史话	杜 瑜		
	76	儒家史话	孙开泰		
	77	法家史话	孙开泰		
	78	兵家史话	王晓卫		
	79	玄学史话	张齐明		
	80	道教史话	王 卡		
	81	佛教史话	魏道儒		
	82	中国基督教史话	王美秀		
	83	民间信仰史话	侯 杰		
	84	训诂学史话	周信炎		
	85	帛书史话	陈松长		
	86	四书五经史话	黄鸿春		

系列名	序号	书名	作者	
思想学术系列（21种）	87	史学史话	谢保成	
	88	哲学史话	谷 方	
	89	方志史话	卫家雄	
	90	考古学史话	朱乃诚	
	91	物理学史话	王 冰	
	92	地图史话	朱玲玲	
文学艺术系列（8种）	93	书法史话	朱守道	
	94	绘画史话	李福顺	
	95	诗歌史话	陶文鹏	
	96	散文史话	郑永晓	
	97	音韵史话	张惠英	
	98	戏曲史话	王卫民	
	99	小说史话	周中明	吴家荣
	100	杂技史话	崔乐泉	
社会风俗系列（13种）	101	宗族史话	冯尔康	阎爱民
	102	家庭史话	张国刚	
	103	婚姻史话	张 涛	项永琴
	104	礼俗史话	王贵民	
	105	节俗史话	韩养民	郭兴文
	106	饮食史话	王仁湘	
	107	饮茶史话	王仁湘	杨焕新
	108	饮酒史话	袁立泽	
	109	服饰史话	赵连赏	
	110	体育史话	崔乐泉	
	111	养生史话	罗时铭	
	112	收藏史话	李雪梅	
	113	丧葬史话	张捷夫	

系列名	序号	书名	作者	
	114	鸦片战争史话	朱谐汉	
	115	太平天国史话	张远鹏	
	116	洋务运动史话	丁贤俊	
	117	甲午战争史话	寇伟	
	118	戊戌维新运动史话	刘悦斌	
	119	义和团史话	卞修跃	
	120	辛亥革命史话	张海鹏	邓红洲
	121	五四运动史话	常丕军	
	122	北洋政府史话	潘荣	魏又行
	123	国民政府史话	郑则民	
近代政治史系列（28种）	124	十年内战史话	贾维	
	125	中华苏维埃史话	温锐	刘强
	126	西安事变史话	李义彬	
	127	抗日战争史话	荣维木	
	128	陕甘宁边区政府史话	刘东社	刘全娥
	129	解放战争史话	朱宗震	汪朝光
	130	革命根据地史话	马洪武	王明生
	131	中国人民解放军史话	荣维木	
	132	宪政史话	徐辉琪	付建成
	133	工人运动史话	唐玉良	高爱娣
	134	农民运动史话	方之光	龚云
	135	青年运动史话	郭贵儒	
	136	妇女运动史话	刘红	刘光永
	137	土地改革史话	董志凯	陈廷煊
	138	买办史话	潘君祥	顾柏荣
	139	四大家族史话	江绍贞	
	140	汪伪政权史话	闻少华	
	141	伪满洲国史话	齐福霖	

系列名	序号	书　名	作　者
近代经济生活系列（17种）	142	人口史话	姜　涛
	143	禁烟史话	王宏斌
	144	海关史话	陈霞飞　蔡渭洲
	145	铁路史话	龚　云
	146	矿业史话	纪　辛
	147	航运史话	张后铨
	148	邮政史话	修晓波
	149	金融史话	陈争平
	150	通货膨胀史话	郑起东
	151	外债史话	陈争平
	152	商会史话	虞和平
	153	农业改进史话	章　楷
	154	民族工业发展史话	徐建生
	155	灾荒史话	刘仰东　夏明方
	156	流民史话	池子华
	157	秘密社会史话	刘才赋
	158	旗人史话	刘小萌
近代中外关系系列（13种）	159	西洋器物传入中国史话	隋元芬
	160	中外不平等条约史话	李育民
	161	开埠史话	杜　语
	162	教案史话	夏春涛
	163	中英关系史话	孙　庆
	164	中法关系史话	葛夫平
	165	中德关系史话	杜继东
	166	中日关系史话	王建朗
	167	中美关系史话	陶文钊
	168	中俄关系史话	薛衔天
	169	中苏关系史话	黄纪莲
	170	华侨史话	陈　民　任贵祥
	171	华工史话	董丛林

系列名	序号	书名	作者		
近代精神文化系列（18种）	172	政治思想史话	朱志敏		
	173	伦理道德史话	马 勇		
	174	启蒙思潮史话	彭平一		
	175	三民主义史话	贺 渊		
	176	社会主义思潮史话	张 武	张艳国	喻承久
	177	无政府主义思潮史话	汤庭芬		
	178	教育史话	朱从兵		
	179	大学史话	金以林		
	180	留学史话	刘志强	张学继	
	181	法制史话	李 力		
	182	报刊史话	李仲明		
	183	出版史话	刘俐娜		
	184	科学技术史话	姜 超		
	185	翻译史话	王晓丹		
	186	美术史话	龚产兴		
	187	音乐史话	梁茂春		
	188	电影史话	孙立峰		
	189	话剧史话	梁淑安		
近代区域文化系列（二种）	190	北京史话	果鸿孝		
	191	上海史话	马学强	宋钻友	
	192	天津史话	罗澍伟		
	193	广州史话	张 磊	张 苹	
	194	武汉史话	皮明麻	郑自来	
	195	重庆史话	隗瀛涛	沈松平	
	196	新疆史话	王建民		
	197	西藏史话	徐志民		
	198	香港史话	刘蜀永		
	199	澳门史话	邓开颂	陆晓敏	杨仁飞
	200	台湾史话	程朝云		

《中国史话》主要编辑
出版发行人